Trilhas abertas na universidade

CIP-BRASIL. CATALOGAÇÃO NA PUBLICAÇÃO
SINDICATO NACIONAL DOS EDITORES DE LIVROS, RJ

M365t

Masetto, Marcos T.
 Trilhas abertas na universidade : inovação curricular, práticas pedagógicas e formação de professores / Marcos T. Masetto. – São Paulo : Summus, 2018.
 248 p.

 Inclui bibliografia
 ISBN 978-85-323-1107-8

 1. Professores universitários – Formação. 2. Ensino superior – Currículos. 3. Prática de ensino. I. Título.

18-49466
CDD: 378.01
CDU: 378.091

Compre em lugar de fotocopiar.
Cada real que você dá por um livro recompensa seus autores
e os convida a produzir mais sobre o tema;
incentiva seus editores a encomendar, traduzir e publicar
outras obras sobre o assunto;
e paga aos livreiros por estocar e levar até você livros
para a sua informação e o seu entretenimento.
Cada real que você dá pela fotocópia não autorizada de um livro
financia o crime
e ajuda a matar a produção intelectual de seu país.

Marcos T. Masetto

Trilhas abertas na universidade

Inovação curricular, práticas pedagógicas
e formação de professores

summus
editorial

TRILHAS ABERTAS NA UNIVERSIDADE
Inovação curricular, práticas pedagógicas e formação de professores
Copyright © 2018 by Marcos T. Masetto
Direitos desta edição reservados por Summus Editorial

Editora executiva: **Soraia Bini Cury**
Assistente editorial: **Michelle Neris**
Projeto gráfico: **Crayon Editorial**
Capa: **Naru Design**
Imagem de capa: **Daniel-Olah/Unsplash**
Diagramação: **Santana**
Impressão: **Sumago Gráfica Editorial**

Summus Editorial
Departamento editorial
Rua Itapicuru, 613 – 7º andar
05006-000 – São Paulo – SP
Fone: (11) 3872-3322
Fax: (11) 3872-7476
http://www.summus.com.br
e-mail: summus@summus.com.br

Atendimento ao consumidor
Summus Editorial
Fone: (11) 3865-9890

Vendas por atacado:
Fone: (11) 3873-8638
Fax: (11) 3872-7476
e-mail: vendas@summus.com.br
Impresso no Brasil

Ao meu neto querido,
Bernardo,
Luz e alegria
Da nossa vida
Símbolo de um amanhã promissor

SUMÁRIO

Apresentação 13

PARTE I
MUDANÇAS EM CURSOS DE GRADUAÇÃO 15

1 CURRÍCULO E INOVAÇÃO CURRICULAR 17
Introdução 17
Concepção de currículo 18
Concepção de inovação curricular 20
Considerações finais 30

2 CURRÍCULO INOVADOR NUM PARADIGMA
INTERDISCIPLINAR 36
Introdução 36
Revisitando o conceito de interdisciplinaridade 37
Currículo disciplinar/interdisciplinar 42
Considerações finais 53

3 UNIVERSIDADE FEDERAL DO PARANÁ LITORAL:
UM PROJETO PEDAGÓGICO INSTITUCIONAL
POR PROJETOS 56
Introdução 56
O projeto pedagógico da UFPR Litoral 56
Considerações finais 62

4 FORMAÇÃO DE PROFISSIONAIS POR COMPETÊNCIAS 65

Introdução 65

Concepção de competência 67

Nossa concepção de aprendizagem por competência e
formação do profissional no ensino superior 72

Considerações finais 74

PARTE II
FORMAÇÃO DOS PROFESSORES EM CURRÍCULOS INOVADORES . 77

**5 PROGRAMA DE FORMAÇÃO PEDAGÓGICA PARA
DOCÊNCIA EM CURRÍCULOS INOVADORES** 79

Introdução 79

Formação inicial 80

Formação continuada 83

Considerações finais 85

**6 FORMAÇÃO DOS DOCENTES DE UM CURRÍCULO
INOVADOR DE DIREITO** 88

Introdução 88

Currículo do curso de Direito 88

Formação dos docentes para o curso 92

Considerações finais 101

**7 FORMAÇÃO DE PROFESSORES PARA QUE
ATUASSEM EM MUDANÇAS PARCIAIS NUM CURSO
CONVENCIONAL DE DIREITO** 104

Introdução 104

Inovações realizadas em parte de um currículo
de graduação em Direito 105

Processo de formação dos docentes 107

O acompanhamento dos docentes 112

A avaliação dos docentes em relação ao projeto 112

Considerações finais 113

8 FORMAÇÃO DE PROFESSORES PARA QUE
INTEGRASSEM O PROJETO PEDAGÓGICO I
NSTITUCIONAL POR PROJETOS DA UFPR LITORAL 121

Introdução 121

Processo de seleção e sensibilização dos professores 122

Formação continuada dos docentes 124

Considerações finais 128

9 FORMAÇÃO PARA A DOCÊNCIA UNIVERSITÁRIA
POR COMPETÊNCIAS 131

Introdução 131

O curso de formação para a docência universitária na
modalidade de aprendizagem por competências 132

Nosso comentário ao final do curso 142

PARTE III
INOVAR A PRÁTICA PEDAGÓGICA UNIVERSITÁRIA
COM SIGNIFICADO 147

10 O QUE SÃO METODOLOGIAS ATIVAS E COMO
TRABALHAR COM ELAS EM CURSOS DE GRADUAÇÃO 149

11 DIFERENTES CENÁRIOS DE APRENDIZAGEM
NO ENSINO SUPERIOR 155

Introdução 155

Protagonistas, grupo, equipe 156

Intencionalidade 157

Espaços físicos, ambientes virtuais e situações profissionais 157

Tempos 160

Recursos e tecnologias 161

Relações, interações 162

12 PROFESSOR E ALUNO EM INTERAÇÃO ADULTA (ANDRAGOGIA) NOS CENÁRIOS DE APRENDIZAGEM NO ENSINO SUPERIOR 165

Introdução 165

Promover a participação dos alunos em diversos momentos
e situações de aula 167

Valorizar a experiência e a contribuição dos participantes 172

Explicitar o significado do que se propõe para aprender 172

Estabelecer recursos adequados, eficientes e avaliáveis 173

Criar um sistema de processo de avaliação contínuo 174

13 EAD NO ENSINO SUPERIOR: ENSINO OU EDUCAÇÃO A DISTÂNCIA? 177

Introdução 177

O ensino a distância 177

"E" de educação 179

EaD e mediação pedagógica 181

EaD e protagonismo do aluno 183

EaD semipresencial? 186

Considerações finais 187

14 ENSINO COM PESQUISA E SEMINÁRIO 189

Introdução 189

Ensino com pesquisa 189

Seminário 194

15 UMA MODALIDADE DIFERENTE DE INICIAR UMA DISCIPLINA NUM CURSO DE GRADUAÇÃO 197

Introdução 197

Reorganização do espaço físico e do ambiente 199

Apresentação do professor 199

Start da formação da comunidade de aprendizagem 200

Contrato psicológico 202

Combinando o próximo encontro: organizar o programa de trabalho . . 203

16 DESAFIO: AS AULAS EXPOSITIVAS APRESENTAM ALGUMA TRILHA DE INOVAÇÃO COMO PRÁTICA PEDAGÓGICA UNIVERSITÁRIA? ... 205

Introdução ... 205
Aula expositiva e aprendizagem ... 205
Técnicas que substituem com vantagem as aulas expositivas tradicionais ... 209
Painel integrado ou grupos com integração horizontal e vertical ... 211
Pequenos grupos para formular perguntas ... 213
Aula invertida ... 215
Considerações finais ... 218

17 PROCESSO DE AVALIAÇÃO INTEGRADO AO PROCESSO DE FORMAÇÃO NOS CURSOS DE GRADUAÇÃO ... 220

Introdução ... 220
Resgatando o significado de avaliação da aprendizagem ... 221
Avaliação como parte do processo de formação profissional ... 223
Técnicas e recursos para um novo processo de avaliação ... 224
Avaliação do desempenho do docente e do plano da disciplina no semestre ... 230
Considerações finais ... 233

18 A PRÁTICA PEDAGÓGICA DO PLANEJAMENTO DE UMA DISCIPLINA NAS TRILHAS DA INOVAÇÃO ... 235

Introdução ... 235
O planejamento como instrumento de orientação para professor e alunos ... 235
Etapas de um planejamento de disciplina ... 238
Unidade de aprendizagem como base de planejamento de uma disciplina ... 242

À guisa de conclusão: 12 anos de pesquisa ... 246

APRESENTAÇÃO

OS INÚMEROS DESAFIOS que se apresentam para o ensino superior no Brasil, no início deste novo milênio, estão marcados por grandes movimentos como globalização e internacionalização. Além disso, entidades internacionais como a Organização das Nações Unidas para a Educação, a Ciência e a Cultura (Unesco) alertam para a necessidade de transformar a educação superior no século 21. Na Europa, nos Estados Unidos e na América Latina, cresce a insatisfação com os atuais currículos tradicionais de formação de profissionais, incompatíveis com as necessidades emergentes nas sociedades. Por sua vez, os avanços da ciência e da tecnologia diante dos problemas que afetam as populações mostram até que ponto a educação tradicional está defasada.

Esse cenário tem obrigado as instituições de ensino superior (IES), inclusive no Brasil, a pensar, inventar e construir inovações em currículos para formar esses novos profissionais; para formar professores com novas competências e atitudes para uma docência com profissionalismo; para construir caminhos que incentivem a mudança de atitudes dos alunos para um protagonismo diante de sua formação; para descobrir e implantar práticas pedagógicas significativas com metodologias ativas, explorando tempos e espaços inusitados e reconhecendo novas entidades parceiras para essa formação.

Trata-se de um mundo de inovações, bem concretas e bem contextualizadas em suas respectivas regiões.

Na Pontifícia Universidade Católica de São Paulo (PUC-SP), integramos um grupo de pesquisa, credenciado pelo CNPq, de Formação de Professores e Paradigmas Curriculares (Forpec), do Programa de Pós-Graduação em Educação: Currículo. Assim, o intento deste livro é socializar com os leitores algumas trilhas para a inovação no ensino superior que vimos descobrindo com nossas pesquisas e cujos significados e perspectivas de futuro temos discutido.

O título da obra pretende apontar para projetos e atividades que, em seus contextos, abriram e continuam abrindo caminhos, como pioneiros e desbravadores, fazendo diferença no imenso mapa de IES no Brasil – que ainda opta pelo modelo tradicional e onde o ensino superior foi moldado em seu início (1808) e divulgado por duas centenas de anos.

Falamos em trilhas abertas porque estas constituem caminhos convergentes em alguns pontos essenciais para que se construam inovações, mas divergentes em outros porque procuram responder às necessidades e carências de seus respectivos contextos e a problemas reais e específicos de sua região. Caminhos que partem de contextos diferentes caminham paralelos, se encontram e se entrecruzam em processos semelhantes e em buscas conjuntas, integram-se em ações grupais e prosseguem juntos ou por caminhos diversos em direção aos próprios objetivos de formação profissional em nosso Brasil no século 21.

Além disso, essas trilhas, ainda que constituam sementes, almejam, como inúmeros outros caminhos existentes – num contexto brasileiro histórico, dialético, polêmico, desafiador, difícil e provocativo –, construir perspectivas diferentes, ousadas e promissoras para o ensino superior brasileiro.

Organizamos nossas reflexões em três áreas: mudanças em cursos de graduação; formação de professores em currículos inovadores; e inovação da prática pedagógica universitária com significado.

Boa leitura!

PARTE I
MUDANÇAS EM CURSOS DE GRADUAÇÃO

1 CURRÍCULO E INOVAÇÃO CURRICULAR[1]

INTRODUÇÃO

MUDANÇAS FREQUENTES EM cursos de graduação muitas vezes estão associadas a significados diversos.

Situações como instalação de laboratórios de informática, aparelhamento de salas de aula com equipamentos tecnológicos de informação e comunicação, uso de tablets e computadores pessoais durante as aulas, quadros ou lousas inteligentes, implantação do ensino híbrido, implantação de técnicas como *Problem Based Learning* (PBL), *Team Based Learning* (TBL), *peer groups*, reorganização e acoplamento de disciplinas em módulos são identificadas como mudanças. E, em cada um desses exemplos, o significado de mudança ou inovação é diferente, sobretudo porque as intenções são diversas.

Abrindo o espectro das características atuais do exercício das profissões, encontramos exigências como: construção de conhecimento interdisciplinar; atuação interprofissional; multiculturalismo; abertura para os novos desafios da ciência e da tecnologia; desenvolvimento de projetos com soluções criativas; exploração de experiências individuais e coletivas; desenvolvimento de pesquisa; e atuação em equipe.

Tais desafios geram nas instituições de ensino superior (IES) questionamentos como: o que ensinar? Por que ensinar? Para que ensinar e como fazê-lo? Apontam, ainda, um rompimento com os currículos tradicionais, que parecem não dispor de respostas às necessidades contemporâneas de nossa sociedade – que exige diagnósticos e ações interdisciplinares, a descoberta de novas soluções para problemas antigos no atual contexto e para

Marcos T. Masetto

os novos que se apresentem e profissionais com competência para encaminhá-los e solucioná-los.

Entendemos que a inovação curricular é a que tem mais condições de oferecer uma resposta significativa para os desafios com os quais deparamos.

A literatura registra inúmeras iniciativas de revisão curricular, internacionais e nacionais, que relatam propostas diferenciadas e projetos inovadores cujos resultados foram publicados em periódicos especializados, livros e outros meios de comunicação.[2]

No Brasil, a tendência a responder aos desafios propostos para as IES tem encontrado apoio e orientação nas políticas públicas voltadas para a criação e a implantação de novas Diretrizes Curriculares Nacionais (DCNs) nos diversos cursos de graduação[3]. Nesse sentido, para compreender as mudanças curriculares que podem transformar o ensino superior neste século, dialogaremos sobre as concepções de currículo e de inovação curricular.

CONCEPÇÃO DE CURRÍCULO

Embora seja de nosso conhecimento a concepção de currículo baseada em Sacristán (1998, 2013), Sacristán *et al.* (2012), Carbonell (2002), Canário (2006), Canen e Moreira (2001), Lopes e Macedo (2002, 2011), Pacheco (1996) e Roldão (1999), entendemos que vale a pena explicitar a ideia de currículo com a qual trabalhamos neste livro.

De início, o currículo apresenta-se com uma concepção semanticamente mais próxima do significado implícito nesse vocábulo latino: trata-se de um *percurso* (um processo) de formação.

Tal percurso, na compreensão de Masetto e Zukowsky-Tavares (2014), se realiza por meio de uma prática social pedagógica que pretende garantir o direito à educação e à formação integral da pessoa para a vida, para o trabalho e para a cidadania. Visa à construção de uma sólida base científica e ao desenvolvimento de habilidades pessoais e profissionais e de atitudes voltadas para a ética, a responsabilidade social e a cidadania consciente, crítica e proativa.

O currículo numa IES implica sujeitos concretos (alunos, docentes, gestores, funcionários e instituições parceiras) que ocupam posições específicas e cumprem funções diferenciadas. Integrados e correlacionados, participam, direta ou indiretamente, da realização do projeto de formação da instituição.

Tais sujeitos vivem uma experiência subjetiva integral que implica e afeta todas as suas dimensões (corporeidade, sensibilidade, percepção, cognição, emoção, convicções políticas e religiosas, competências técnicas, ética, estética), num processo de construção das próprias identidades.

Como prática social pedagógica, o currículo se manifesta como um ordenamento sistêmico formal, no tempo e no espaço, de ações individuais e grupais de aprendizagem, relacionadas a experiências significativas da vida humana em seus diferentes momentos e necessidades. De forma individual e coletiva, trabalha com conteúdos (informações e conhecimentos), métodos e técnicas, teoria e prática, competências e atitudes – numa interação entre professores, gestores, alunos, programas e ambientes.

A construção de um currículo se fundamenta na filosofia e nas ciências da educação; na consciência pedagógica, política e ética dos sujeitos; em suas experiências e convicções pessoais acumuladas; e em sua prática curricular.

O currículo explicita ainda o cruzamento do eixo histórico e cultural de uma instituição com o momento presente, que exige mudanças e adaptações para responder às novas necessidades de aprendizagem e formação. Assim, trata-se de um projeto que integra e articula as dimensões epistemológicas, políticas, culturais, éticas, estéticas, psicológicas e pedagógicas para que se realize o processo de aprendizagem e formação profissional

O currículo é marcado pela tensão permanente entre o modo como ele se apresenta na condição de projeto formal em andamento (com todas as suas materialidades, normas, seus padrões preestabelecidos, convenções, prescrições, organização) e o modo como se caracteriza na qualidade de projeto informal em andamento, na realidade do espaço "aula", com suas flexibilidades, imprevisibilidades, imponderabilidades, liberdades, emergências, reinvenções, criatividade e mudanças.

Essa compreensão multidimensional integrada de currículo o define também como um projeto inacabado, pois se desenvolve num processo em movimento contínuo e permanente, aberto às mudanças que se fizerem necessárias no tempo e no contexto em que ele se realiza.

CONCEPÇÃO DE INOVAÇÃO CURRICULAR

Carbonell (2002, p. 19) conceitua inovação como um "conjunto de intervenções, decisões, processos e estratégias com certo grau de intencionalidade e sistematização mediante as quais se procura introduzir ou produzir mudanças de atitudes, ideias, culturas, conteúdos e modelos nas práticas pedagógicas".

A aplicação desse conceito ao de currículo anteriormente exposto, na multidimensionalidade de aspectos que o constituem, orienta-nos a conceber a *inovação curricular* como um conjunto de mudanças e adaptações que afetam o currículo nos seus eixos constitutivos (contexto, intenção, protagonistas, estrutura curricular e gestão) em todas as suas dimensões, de modo simultâneo e sinérgico. Trata-se de uma mudança que pretende dar respostas a necessidades sociais e educativas emergentes – sendo, portanto, planejada e articulada com os diferentes setores da instituição educacional.

Nesse sentido, mudanças, alterações, adaptações ou até mesmo inovações tópicas ou casuais em projetos pedagógicos não poderão ser consideradas inovação curricular, pois se apresentam como anexos ou apêndices a um currículo que continuará com seu paradigma anterior – reconhecido como incapaz de oferecer respostas novas para as atuais necessidades da formação de profissionais.

Destacamos no conceito de inovação curricular três aspectos fundamentais: mudanças realizadas, simultânea e sinergicamente, nos cinco eixos constitutivos de uma proposta curricular: *contexto, intenção, protagonistas, estrutura curricular* e *gestão*.

Contexto

O primeiro eixo do currículo a ser repensado num processo de inovação é o seu contexto. Como, por que e de onde surge a necessidade de um currículo novo? Primeiro, da descoberta da necessidade de mudar; de um momento de despertar para a ruptura com o existente diante da possibilidade do novo.

Na universidade, esse *start* pode ser influenciado por mudanças sociais, como o fenômeno da sociedade do conhecimento e suas inter-relações com as tecnologias de informação e comunicação (TIC), que mostram um novo modo de tratar o conhecimento e podem reformular na universidade os princípios epistemológicos de construção deste para seus protagonistas (professores e alunos).

Alertas internacionais (Unesco, 1998) e nacionais – como as diversas Diretrizes Curriculares Nacionais para os Cursos de Graduação (DCNs), do MEC – podem levar as IES a buscar novos currículos para seus cursos de graduação.

Em outras situações, as próprias IES, numa perspectiva histórica, refletindo sobre os currículos à luz das necessidades e exigências dos tempos atuais, despertam para uma ruptura com o existente, que não mais responde aos novos desafios e precisa ser substituído pelo novo em seus projetos de formação profissional.

Entender por que surge a necessidade de um currículo novo, no que tange à inovação, é de grande relevância, dinamismo e pujança, pois pode mobilizar instituições, professores e gestores para trabalhar em equipe em direção às mudanças necessárias – mesmo os que apresentam mais resistência a elas.

E onde surge esse novo currículo? Em geral, no percurso histórico de uma IES. Como diz Hernandez (2000), nenhum projeto inovador começa do zero. A resposta nova a uma necessidade atual de um currículo não pode deixar de levar em consideração o processo histórico de realizações daquela instituição: sua missão, sua história, seus projetos, sua evolução, seu protagonismo, suas limitações e seus novos sonhos na continuidade de um projeto educacional em seu contexto, mas em novos tempos.

Intenção

Ao definir inovação, Carbonell (2002, p. 19) concebe-a como "um conjunto de intervenções, decisões e processos, *com intencionalidade e sistematização*, que tratam de modificar atitudes, ideias, culturas, conteúdos, modelos e práticas pedagógicas [...]".

Todo projeto inovador tem objetivos muito claros e específicos a ser obtidos e um planejamento de condições que permitam sua consecução. Trata-se de sua intenção e sistematização. No ensino superior, os currículos inovadores têm-se apresentado com o objetivo de formar profissionais com novos perfis, buscando uma atuação à altura dos problemas e das necessidades de uma sociedade contemporânea.

Objetiva-se, assim, que os novos perfis desenvolvam: pesquisas em sua área do conhecimento, explorando a multi e a interdisciplinaridade e o emprego de novos recursos tecnológicos; competências humanas e profissionais; valores, atitudes e comportamentos como competência profissional atualizada, ética, responsabilidade social, profissionalismo vinculado à cidadania e ao desenvolvimento pessoal.

No Brasil, as Diretrizes Curriculares Nacionais (DCNs) e a exigência da construção do projeto pedagógico de cada curso de graduação procuram delinear os problemas e as necessidades de uma sociedade contemporânea, oferecendo assim subsídios orientadores para a construção de novos currículos e perfis profissionais.

Protagonistas

São elementos-chave de um currículo inovador ao atuarem com corresponsabilidade e postura proativa em sua construção e implantação e nas adaptações necessárias ao longo do processo. Tais protagonistas são os gestores, professores, alunos, funcionários administrativos e instituições parceiras.

O currículo demanda que seus protagonistas assumam atitudes de comprometimento, engajamento, e "sentimento de pertença" com relação

Trilhas abertas na universidade

à sua inovação, estejam dispostos a rever a cultura pedagógica e o desempenho de seus papéis e exerçam suas funções em consonância com o projeto pedagógico. Os *gestores* devem rever seu papel, adotando uma postura democrática e aberta à participação, construindo e implantando, com os docentes, o projeto do currículo inovador. É fundamental que o gestor se envolva no processo de inovação, pois muitas vezes surgirão questões de ordem estrutural, financeira, de pessoal e até mesmo de conflitos entre culturas que podem impactar o processo. O gestor-protagonista compreende melhor as necessidades, apoia sua equipe e age no sentido de colaborar na solução e no encaminhamento de eventuais entraves.

Os *professores* têm de estar abertos ao novo e, atuando em equipe, construir o projeto curricular – o que lhes permite uma melhor compreensão da proposta pedagógica e de seu papel como mediador pedagógico e planejador de situações de aprendizagem no novo contexto. Ao se sentir coautor, o docente assume a responsabilidade de uma atuação adequada ao novo projeto, reconhece e valoriza a troca de experiências com seus pares e a oportunidade de aprender em processos de formação. A integração do professor ao projeto reflete-se em sala de aula e contribui para a concretização bem-sucedida do currículo.

Os *alunos*, por sua vez são vistos como protagonistas em seu processo de aprendizagem colaborativa e formação profissional. Abertos a um trabalho em equipe, devem valorizar a pesquisa interdisciplinar e do diálogo, integrando com as tecnologias digitais de informação e comunicação (TIC) na execução de suas atividades curriculares. Eles se tornam protagonistas de seu aprendizado ao compreenderem o projeto pedagógico de seu curso, o perfil de profissional esperado, os objetivos de sua formação, como se desenvolverão as atividades curriculares, como se dará a integração dos estudos teóricos com sua aprendizagem no campo profissional e como sua proatividade e participação individual e coletiva serão solicitadas para que possam construir sua formação numa relação produtiva com o curso, os colegas, os professores e a instituição.

No caso dos *funcionários administrativos*, precisam sensibilizar-se quanto ao novo currículo, comprometendo-se com ele de tal forma que se disponham a rever suas funções e atividades no relacionamento com professores, gestores e alunos com o objetivo de apoiar o novo que se constrói e desenvolver um trabalho em equipe.

Por fim, as instituições parceiras interagem com a IES no planejamento e na realização das diferentes práticas de formação em contextos profissionais, como estágios, projetos curriculares de extensão e projetos comunitários. Ao se tornar protagonistas, as instituições deixam de ser apenas espaços cedidos para os alunos desenvolverem práticas profissionais e tornam-se parceiras no processo de formação destes. Planejam em conjunto com a IES a formação e a aprendizagem esperadas dos alunos em situação profissional, em consonância com os objetivos curriculares, discutindo que profissionais participarão do projeto, as atividades a ser realizadas, seu acompanhamento e avaliação, os resultados obtidos e as sugestões para aperfeiçoamento do currículo. Ao mesmo tempo, as instituições parceiras poderão encontrar uma nova abertura para o desenvolvimento e a formação continuada de seus profissionais por meio de relações estabelecidas com a IES. Trata-se de uma parceria de mão dupla, com relevantes projetos de desenvolvimento para ambas as instituições e seus respectivos integrantes.

Estrutura curricular

Entendemos que esse eixo curricular se reveste de grande relevância por explicitar os componentes de um currículo – que não costumam ser muito claros para nós, professores – e permitir o debate sobre novos modelos de organização curricular. Estamos mais acostumados a tratar com as matrizes curriculares e/ou com as antigas grades curriculares, ou seja, a distribuição de disciplinas em horários predeterminados ao longo da semana.

Trata-se de pensar em como inovar toda a estrutura curricular, explicitando os seus elementos e sua integração a fim de que possam ser implantados de modo simultâneo e sinérgico, convergindo para a formação dos profissionais.

Integram a estrutura curricular:

- *Contextualização e necessidade* – É preciso indicar com clareza a que necessidades ou carências da instituição a nova proposta curricular deve responder, considerando seu contexto histórico-social e educacional e integrando-o às demandas dos tempos presente e futuro para a educação e a formação. No ensino superior, fazem parte desse contexto as Diretrizes Curriculares Nacionais (DCNs), que, formuladas por especialistas, orientam todos os cursos de graduação do país.
- *Intenção do projeto inovador* – deve-se estabelecer o perfil do profissional que se pretende formar, explicitado no projeto pedagógico do curso, com base nas DCNs e nas necessidades reais de formação que o contexto exige. A ideia é propiciar o desenvolvimento epistemológico, afetivo-emocional, de habilidades e competências, de atitudes e valores. A explicitação desses objetivos educacionais é fundamental para que o currículo constitua uma orientação clara e segura para que professores e alunos construam a formação desejada.
- *Princípios de aprendizagem claramente explicitados* – aqui se espera que os alunos possam compreender não só o que se espera deles quanto à sua formação profissional (perfil do profissional), mas também os novos princípios de aprendizagem que orientarão as atividades curriculares. Entre eles se podem citar: aprendizagem por descoberta, ensino com pesquisa, aprendizagem colaborativa em pequenos grupos, apoio da mediação pedagógica do professor, uso de metodologias ativas, processo de avaliação que acompanha o desenvolvimento da aprendizagem com *feedbacks* contínuos e orientadores, exigência da participação dos alunos em todas as atividades programadas, em aulas na IES e fora dela, em ambientes profissionais e virtuais. Tais atitudes de participação, protagonismo e corresponsabilidade modificam radicalmente a costumeira atitude passiva do aluno.
- *Princípio epistemológico* – este deve ajudar o aluno a aprender a construir seu conhecimento tanto em pesquisas individuais como em parceria com o professor e os colegas. A interdisciplinaridade, pró-

pria da produção científica atual, substitui a atitude tradicional de receber informações preparadas e transmitidas pelos professores, as quais acabam sendo apenas reproduzidas por ocasião das avaliações tradicionais.

- *Princípio de intersecção entre teoria e prática* – esse princípio é obtido por meio da valorização da participação dos alunos em situações profissionais concretas em suas diversas modalidades. Entre elas podemos citar estágios ressignificados como componente curricular, visitas técnicas e ensino por projetos de intervenção, com permanente integração entre conceitos teóricos e suas diferentes aplicações. Exploram-se técnicas próprias do ambiente digital para simular situações profissionais de grave risco.

- *Reconceituação das disciplinas e de seus conteúdos* – ambos são realocados como componentes curriculares. O importante não é ensinar uma disciplina, mas trabalhar de forma integrada com informações necessárias provenientes dessa disciplina e de outras áreas de conhecimento. Assim, incentiva-se o conhecimento interdisciplinar e a interação entre disciplinas básicas e profissionalizantes. Em cursos inovadores, a proposta de trabalhar o conteúdo na forma de grandes temas ou grandes problemas como eixos integradores de informação e da prática profissional tem permitido dar novo significado às disciplinas no currículo.

- *Planejamento e uso de metodologias ativas inovadoras* – estas devem promover a participação contínua dos alunos e seu protagonismo em direção aos objetivos de sua formação por meio de atividades ocorridas dentro e fora do ambiente universitário. Explora-se ao máximo o dinamismo da aprendizagem em ambientes profissionais e em serviço. Planejar técnicas que incentivem processos interativos de aprendizagem, bem como a variedade de métodos, técnicas e recursos integrados às TIC, permite superar a rotina das atividades em aula e viver experiências interdisciplinares.

- *Sistema de avaliação de aprendizagem* – aqui há um processo de *feedback* contínuo que acompanha o desenvolvimento do aluno em todas as atividades que realizar, permitindo-lhe um crescimento permanente e a correção de erros durante todo o processo de aprendizagem. São utilizadas técnicas avaliativas adequadas para verificar o alcance dos objetivos propostos e promover a orientação do aprendiz e diálogo com ele – elementos essenciais num processo de avaliação, que vão além dos aspectos de verificação e medição de resultados produzidos.

- *Reorganização de espaços e tempos* – esta visa privilegiar a aprendizagem a ser alcançada. Assim, não se utilizam tempos predeterminados de 50 ou 100 minutos, estabelecidos igualmente para todas as aulas e todas as disciplinas todos os dias da semana.
- *Revisão do modelo curricular disciplinar* – busca-se outros modelos que permitam construir um currículo inovador, como currículo por projetos, currículo por competências, aprendizagem por problemas, cursos cooperativos, currículos interprofissionais, currículos interdisciplinares etc. O objetivo é facilitar as mudanças propostas à estrutura curricular.

Duas grandes características de uma estrutura curricular inovadora se destacam: *flexibilidade* que favoreça adaptações necessárias e supervenientes à implantação de um currículo e *integração e interdependência* dos elementos que o constituem, propiciando consistência e funcionamento sinérgico.

Gestão do projeto curricular

Todos entendemos na teoria que um projeto inovador não poderá se construir sem que sua gestão seja repensada de forma coerente com esse desafio. No entanto, na prática nem sempre isso acontece.

Encontramos gestões que toleram uma inovação, desde que esta não lhes traga problemas (atitude de *laissez-faire*); outras até concordam com um novo projeto, mas entregam sua realização aos docentes, acompanhando de longe o processo que vai se instituindo (atitude omissa); outras, ainda,

Marcos T. Masetto

tomam atitudes em extremo oposto quando assumem para si e para uma comissão por elas nomeada a elaboração do projeto que será, quando pronto, comunicado aos docentes, alunos e funcionários (atitude de autoritarismo centralizador).

Essas práticas de gerir projetos educacionais não têm se mostrado adequadas, uma vez que em seus princípios básicos não se percebe um comprometimento real e concreto.

Quando analisamos os protagonistas de um projeto inovador, dizemos que eles se apresentam como âncoras de um currículo inovador, devendo apresentar comprometimento, corresponsabilidade e postura proativa na construção, implantação e avaliação deste.

O gestor-protagonista compreende melhor as necessidades de um novo projeto, apoia sua equipe e age no sentido de oferecer soluções e ideias para que o novo projeto se estabeleça. Dito isso, é fundamental que destrinchemos as características de uma gestão democrática:

- Criação de uma equipe gestora, em um ambiente democrático de participação, para que todos possam realizar as funções necessárias à construção e implantação do novo currículo. Em vários projetos, associa-se a essa equipe gestora um assessor externo, o qual colabora, em integração e sintonia com os demais participantes do projeto, com a construção e execução deste.
- Envolvimento e compromisso com o projeto, colocando-se como um dos sujeitos construtores dele, criando uma relação de diálogo entre a base e a administração para tomar decisões.
- Participação efetiva no diagnóstico das necessidades de inovação da instituição e, posteriormente, nas discussões sobre mudanças curriculares. É preciso ainda definir, em conjunto com os professores, os objetivos educacionais de formação dos profissionais conforme as exigências da sociedade e os questionamentos das carreiras profissionais, sobretudo as que envolvem mudanças de normas, procedimentos e distribuição de tempo e espaço.
- Apoio e incentivo a um programa de formação continuada e em serviço de professores e funcionários administrativos (técnicos), tanto para

os que iniciaram o projeto quanto para os que vierem para ampliar ou substituir o corpo docente e de funcionários. Todos têm de compreender o novo currículo e buscar procedimentos que permitam sua construção, implementação e manutenção. Com os docentes, é preciso planejar e realizar o processo de seleção de professores, que permita aos candidatos compreender as novas propostas e exigências e verificar se eles apresentam abertura a um projeto novo, capacidade de trabalho em equipe etc.

- Apoio institucional e articulação do projeto com a comunidade externa (instituições parceiras), visando à realização de estágios e à utilização de espaços profissionais para aprendizagem, bem como à realização de subprojetos de prestação de serviço à comunidade.
- Apoio à revisão de normas e procedimentos que, estando em vigência já há muitos anos, definem a carga horária das disciplinas, sua distribuição na semana, o uso do tempo e do espaço na faculdade, as atividades extraclasse, as datas das avaliações, os critérios de aprovação e reprovação, o número de alunos por turma, as condições de trabalho e o salário dos professores. Em função do novo projeto, certamente tais normas e procedimentos exigirão revisão.
- Apoio com suporte institucional e financeiro para recursos didáticos e de infraestrutura necessários, como biblioteca, laboratórios, tecnologias de informação e comunicação etc.
- Revisão da gestão do tempo: institucional, segundo o processo histórico da instituição; político, na coordenação das diferentes culturas pedagógicas presentes em todo o projeto; e pedagógico, respeitando o andamento real do projeto, flexibilizando prazos e administrando tempos e espaços para que se ajustem às necessidades emergentes do projeto.
- Criação de condições para uma administração de conflitos permeada pela cultura administrativa e pedagógica de professores e funcionários administrativos.
- Apoio no enfrentamento de problemas e riscos durante a execução do novo currículo.

- Participação, com os docentes, na concepção e implantação de um sistema de avaliação e acompanhamento do projeto para manter uma reflexão permanente sobre ele, adequando-o se for necessário. É interessante contar com uma assessoria externa que permita ver com mais objetividade o deslanchar do projeto e dialogue com os professores sobre suas realizações e dificuldades, promovendo o aperfeiçoamento de posturas de compreensão e interiorização da inovação.

Um projeto inovador requer uma gestão inovadora.

CONSIDERAÇÕES FINAIS

Essa construção de uma teoria sobre o conceito de currículo inovador permitiu-nos identificá-lo como uma das trilhas para a inovação das instituições de ensino superior (IES) no século 21.

O contexto de um currículo inovador, que privilegie a necessidade urgente de uma IES romper com o existente e abrir-se para o novo em seus projetos de formação profissional, é capaz de incentivar instituições, professores e gestores a se mover em direção às mudanças necessárias, mesmo os mais resistentes a elas.

Os protagonistas de uma IES – gestores, professores, alunos, funcionários administrativos e instituições parceiras – enxergam na construção de um currículo inovador a possibilidade de rever seus papéis, dinamizando e enriquecendo suas contribuições para um novo projeto de formação de profissionais, construído colaborativamente.

Com a professora Cecília Gaeta (2016), introduzimos o mapa conceitual a seguir, que mostra de maneira didática o currículo inovador com todos os seus componentes integrados – e permite, ainda perceber o dinamismo desse currículo em construção.

Trilhas abertas na universidade

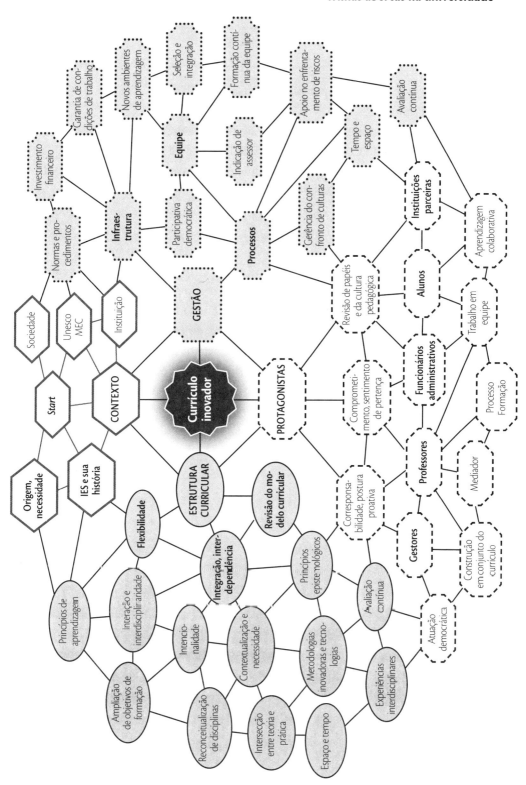

Notas

1. Esse tema foi abordado por Masetto e Gaeta (2016).
2. Veja o Capítulo 2.
3. Mamede e Penaforte (2001) abordaram inovações curriculares na Escola de Saúde Pública do Ceará. A Universidade Estadual de Londrina (UEL) e a Faculdade de Medicina de Marília (Famema) desenvolveram o paradigma do PBL em seus cursos de Medicina e Enfermagem. Pacheco (2007) estudou os cursos cooperativos da Escola Politécnica da Universidade de São Paulo no Brasil, inspirados nos princípios da formação cooperativa da Universidade de Waterloo, no Canadá. Pereira (2010) apresentou o novo projeto da Universidade de Harvard. Keller-Franco (2008, 2014), Arantes (2012), Fagundes (2012) e Mengarelli (2017) realizaram pesquisas sobre o projeto inovador da Universidade Federal do Paraná – Unidade Litoral (UFPR Litoral), investigando currículos por projetos e a constituição do corpo docente para elaborar, implantar e conduzir o projeto inovador e a formação de professores para a escola básica. Lucena (2014) investigou comparativamente dois projetos inovadores de formação de fisioterapeutas em duas universidades federais do Brasil, comparando a diversidade de seus modelos e suas bases teóricas de inovação. Masetto e Zukowsky-Tavares (2015) pesquisaram um projeto inovador na área do ensino de Direito em uma universidade do Brasil: suas concepções de inovação, seu currículo e a formação dos docentes para que construíssem e implantassem tal projeto.

Referências bibliográficas

ARANTES, C. P. *Processo de formação de professores universitários engajados no currículo por projetos da Proposta Integral de Educação Emancipatória da UFPR Litoral*. Tese (doutorado em Educação), Pontifícia Universidade Católica de São Paulo, São Paulo (SP), 2012.

CANÁRIO, R. *A escola tem futuro? Das promessas às incertezas*. Porto Alegre: Artmed, 2006.

CANEN, A.; MOREIRA, F. (orgs.). *Ênfases e omissões no currículo*. Campinas: Papirus, 2001.

CARBONELL, J. *A aventura de inovar – A mudança na escola*. Porto Alegre: Artmed, 2002.

Trilhas abertas na universidade

FAGUNDES, M. C. *Mudar a Universidade é possível? Desafios e as tensões de um projeto pedagógico emancipatório.* Curitiba: CRV, 2012.

HERNANDEZ, F. *Inovações: aprendendo com as inovações nas escolas.* Porto Alegre: Artmed, 2000.

KELLER-FRANCO, E. *Currículo por projetos: inovação do ensinar e aprender na educação superior.* Dissertação (mestrado em Educação: Currículo), Pontifícia Universidade Católica de São Paulo, São Paulo (SP), 2008.

_____. *Movimentos de mudança: um estudo de caso sobre inovação curricular em cursos de licenciatura da UFPR Litoral.* Tese (doutorado em Educação), Pontifícia Universidade Católica de São Paulo, São Paulo (SP), 2014.

LOPES, A. C.; MACEDO, E. (orgs.). *Currículo: debates contemporâneos.* São Paulo: Cortez, 2002.

_____. *Teorias de currículo.* São Paulo: Cortez, 2011.

LUCENA, A. L. *Formação profissional em fisioterapia, o desafio dos avanços curriculares.* Tese (doutorado em Educação), Pontifícia Universidade Católica de São Paulo, São Paulo (SP), 2014.

MAMEDE, S.; PENAFORTE, J. (orgs.). *Metodologia de aprendizagem baseada em problemas.* Fortaleza: Hucitec, 2001.

MASETTO, M. T.; GAETA, C. "Currículo inovador: um caminho para os desafios do ensino superior". *Revista FORGES*, v. 4, n. 2, 2016.

MASETTO, M. T.; ZUKOWSKY-TAVARES, C. "Formação de professores para currículos inovadores no ensino superior: um estudo num curso de Direito". *e-Curriculum*, v. 13, n. 1 jan.-mar. 2015, p. 5-27.

_____. *Inovação curricular em cursos universitários.* Trabalho apresentado no XI Colóquio sobre Questões Curriculares e VII Colóquio Luso-Brasileiro sobre Questões Curriculares, Braga, Portugal, 2014.

MENGARELLI, R. R. *Inovação curricular universitária: o constante processo de constituição político-pedagógica da UFPR Litoral e os desafios na formação de seus atores.* Tese (doutorado em Educação), Pontifícia Universidade Católica de São Paulo, São Paulo (SP), 2017.

PACHECO, C. R. F.; MASETTO, M. T. "O estágio e o ensino de engenharia". In: *Ensino de engenharia: técnicas para otimização das aulas.* São Paulo: Avercamp, 2007.

PACHECO, J. A. *Currículo: teoria e práxis.* Porto: Porto, 1996.

PEREIRA, E. (org.). *Universidade e currículo.* Campinas: Mercado de Letras, 2010.

ROLDÃO, M. do C. *Gestão curricular – Fundamentos e práticas.* Lisboa: Colibri, 1999.

Marcos T. Masetto

Sacristán, J. G. *O currículo – Uma reflexão sobre a prática*. Porto Alegre: Artmed, 1998.

Sacristán, J. G. *et al. Diseño, desarrollo e innovación del currículum*. Madri: Morata, 2012.

Sacristán, J. G. (org.). *Saberes e incertezas sobre o currículo*. Porto Alegre: Penso, 2013.

Organização das Nações Unidas para a Educação, a Ciência e a Cultura (Unesco). *Declaração mundial sobre educação superior no século XXI: visão e ação*. Paris: Unesco, 1998.

Leitura complementar

Gaeta, C. *Formação docente para o ensino superior: uma inovação em cursos de lato sensu*. Tese (doutorado em Educação), Pontifícia Universidade Católica de São Paulo, São Paulo (SP), 2007.

Hargreaves, A. *O ensino na sociedade do conhecimento – Educação na era da insegurança*. Porto Alegre: Artmed, 2004.

Hargreaves, A.; Earl, L.; Ryan, J. *Educação para a mudança*. Porto Alegre: Artmed, 2001.

Masetto, M. T. "Inovação na educação superior". *Interface*, v. 8, n. 14, 2004.

_____. "Resgate do espaço dos cursos de especialização, conhecidos como pós-graduação *lato sensu*, para a formação pedagógica de professores do ensino superior". In: Traversini, C. *et al.* (orgs.). *Trajetórias e processos de ensinar e aprender: práticas e didáticas*. Livro 2. Porto Alegre: EdiPUCRS, 2008, p. 391-406.

_____. "Inovação curricular no ensino superior". *e-Curriculum*, v. 7, n. 2, 2011.

_____. "Inovação curricular, tecnologias de informação e comunicação e formação de professores". In: Signorini, I.; Fiad, R. S. (orgs.). *Ensino de língua: das reformas, das inquietações e dos desafios*. Belo Horizonte: Ed. da UFMG, 2012.

Masetto, M. T.; Zukowsky-Tavares, C. "Inovação e universidade". In: Ghirardi, J. C.; Feferbaum, M. (orgs.). *Ensino do direito em debate: reflexões a partir do 1º Seminário Ensino Jurídico e Formação Docente*. São Paulo: Direito GV, 2013. Disponível em: <https://bibliotecadigital.fgv.br/dspace/bitstream/handle/10438/11274/Ensino%20do%20direito%20em%20debate.pdf?sequence=1&isAllowed=y>. Acesso em: 4 abr. 2018.

Masetto, M. T. (org.). *Inovação no ensino superior*. São Paulo: Loyola, 2012.

Trilhas abertas na universidade

MOTA, R.; SCOTT, D. *Educando para inovação e aprendizagem independente*. Rio de Janeiro: Elsevier 2014.

OLIVEIRA, I. B. de. *Alternativas emancipatórias em currículo*. São Paulo: Cortez, 2004.

PADILHA, P. R. *Currículo intertranscultural: novos itinerários para a educação*. São Paulo: Cortez; Instituto Paulo Freire, 2004.

PEREIRA, E. M. A.; MERCURI, E.; BAGNATO, M. H. "Inovações curriculares: experiências em desenvolvimento em uma universidade pública". *Currículo sem Fronteiras*, v. 10, n. 2, jul.-dez. 2010, p. 200-13.

PRATA LINHARES, M. *A arte na formação pedagógica de professores do ensino superior*. Tese (doutorado em Educação), Pontifícia Universidade Católica de São Paulo, São Paulo (SP), 2008.

THURLER, M. G. *Inovar no interior da escola*. Porto Alegre: Artmed, 2001.

YOUNG, M. F. D. *O currículo do futuro*. Campinas: Papirus, 2000.

2 CURRÍCULO INOVADOR NUM PARADIGMA INTERDISCIPLINAR

INTRODUÇÃO

DOIS CURRÍCULOS INOVADORES se desenvolveram privilegiando a dimensão interdisciplinar do conhecimento: o de Medicina da Universidade de McMaster, no Canadá (década de 1960), e o de Medicina da Universidade de Maastricht, na Holanda, baseado no Problem Based Learning (PBL) (anos 1970). Currículos com características diferentes em sua proposta e construção, mas basicamente com a mesma ênfase de formação de profissionais da saúde – ambos baseados no conhecimento e na prática interdisciplinares.

Por que trazê-los à nossa reflexão?

Nas pesquisas que vimos realizando sobre currículos inovadores, eles se apresentam como pioneiros, uma vez que surgiram nas décadas de 1960/70 e se distinguiram pelo número de cursos de graduação que os seguiram em várias partes do mundo, não só na saúde, mas também em outras áreas que se utilizaram desse paradigma, como Administração, Direito e Engenharia.

Venturelli (1997) estudou o paradigma da Faculdade de Medicina da Universidade de McMaster. Já Araújo e Sastre (2009) analisaram o PBL e suas aplicações nas Universidades de Maastricht (Holanda) e Aalborg (Dinamarca), na Faculdade de Medicina da Universidade de Linkoping (Suécia) e na Escola Universitária de Enfermagem de Vall d'Hebron (Barcelona).

Por sua vez, Campos, Dirani e Manrique (2011) avaliaram projetos curriculares, experiências e estudos de casos sobre o PBL e suas adaptações na aplicação a cursos de engenharia e de saúde em várias partes do mundo: nas universidades de Copenhague (Dinamarca) e de Twente (Países Baixos) e na Escola de Engenharia da Universidade do Minho (Portugal), bem como nas universidades de Aalborg (Dinamarca), Heilbronn (Alemanha) e Victoria (Austrália).

No Brasil, entre os projetos de PBL na área da saúde que se destacaram, nas décadas de 1980/90, estão os da Escola de Saúde Pública do Ceará (Mamede e Penaforte, 2001), da Universidade Estadual de Londrina (UEL) (Ferreira Filho *et al.*, 2002) e da Faculdade de Medicina de Marília (Famema). Outros aconteceram na sequência.

Há de se considerar que, no Brasil, nem sempre o PBL foi compreendido e aplicado como paradigma curricular. Por vezes, resgatava-se apenas um dos seus componentes – o estudo por meio da resolução de problemas – e seguiam-se os passos consagrados no paradigma, deixando de lado todos os demais componentes desse modelo curricular. Venturelli (1997, p. 15) já denunciava que "não é a mesma coisa aprendizagem baseada em problemas e resolução de problemas. Este erro se comete frequentemente".

Tal comportamento, além de descaracterizar o PBL como paradigma curricular, transformou-o no que se denomina, em vários cursos de graduação, "metodologia ativa". Essa situação controversa será esclarecida neste capítulo, que também mostrará o PBL como paradigma curricular inovador numa perspectiva de produção do conhecimento e de práticas interdisciplinares. Para tanto, dividimos o conteúdo em três partes: o conceito de interdisciplinaridade; a análise do currículo inovador da Universidade McMaster; e a reflexão sobre o currículo em PBL.

REVISITANDO O CONCEITO DE INTERDISCIPLINARIDADE

Assim como acontece com o conceito de inovação, o de interdisciplinaridade, quando presente em processo de aprendizagem ou de formação profissional, também é descrito com uma polissemia de significados e interpretações:

Marcos T. Masetto

> Como atitude (Fazenda, 1979), como modo de pensar (Morin, 2005), como pressuposto na organização curricular (Japiassu, 1976), como fundamento para as opções metodológicas do ensinar (Gadotti, 2004), ou ainda como elemento orientador na formação dos profissionais da educação. (Thiesen, 2008, p. 546)

Com o objetivo de dialogar sobre interdisciplinaridade e currículo com professores do ensino superior, parece-me relevante partir da experiência de nossa formação acadêmica para refletir sobre o assunto.

Nossa formação acadêmica e científica foi marcada pela dimensão da disciplinaridade: o curso de graduação foi construído com disciplinas justapostas numa dimensão horizontal e também vertical; estudamos e fomos avaliados por disciplinas; nossos cursos de especialização, mestrado e doutorado se organizaram em um esquema de disciplinas obrigatórias e optativas; as primeiras pesquisas e as que se seguiram originaram-se de temas relacionados com as disciplinas cursadas. Uma vez mestres e doutores, ao participar de concursos para lecionar na graduação, no mestrado ou no doutorado, concorremos para, entre outras atividades, lecionar determinada disciplina. Em nosso contrato de trabalho aparecemos como responsáveis por determinada disciplina, das quais hoje somos professores.

Não podemos negar que por muitos anos nossa cultura acadêmica foi construída numa dimensão disciplinar, explicitando-se tal dimensão na docência e na pesquisa como reconhecimento de limites de uma área de conhecimento e como método investigativo.

Hoje, porém, vivemos em uma sociedade na qual o conhecimento se apresenta com novas perspectivas: sua produção é marcada pela multiplicidade de fontes que pesquisam e trabalham informações, transformando-as em conhecimento. Além disso, há a facilidade de acesso à informação e aos próprios pesquisadores e especialistas por meio das tecnologias de informação e comunicação, de forma imediata e em tempo real.

Nesse cenário, ao mesmo tempo que se destaca a necessidade de especialização por intermédio de pesquisas científicas em áreas específicas (campos disciplinares), vive-se também a complexificação dos problemas que afetam o homem contemporâneo e seu mundo – aos quais as respostas disciplinares já não satisfazem.

É premente a necessidade de uma aproximação das ciências para uma compreensão mais abrangente desses fenômenos e para encaminhamentos mais criativos aos problemas deles derivados. Conhecimentos específicos e enclausurados em suas especialidades já não são suficientes para compreender, explicitar, analisar e encaminhar muitos fenômenos atuais que afetam a humanidade.

O tipo de conhecimento hoje exigido e esperado é aquele que ultrapassa os limites disciplinares, abrindo-se para outras áreas e formas de conhecimento e procurando integração, diálogo e complementação.

A multidisciplinaridade e a interdisciplinaridade se apresentam como novas opções para o estudo, a pesquisa e as intervenções humanas e profissionais na sociedade contemporânea.

Ambas não eliminam a disciplinaridade como estudo e pesquisa de determinada área de conhecimento, com métodos próprios, que busca aprofundar e ampliar os conhecimentos, investiga novas tecnologias e clama por uma especialização cada vez maior em aspectos cada vez mais específicos dentro dela mesma. Seus limites são bem estabelecidos; é sempre dentro deles que a disciplinaridade procura se desenvolver.

Esse tem sido o caminho normal para a evolução da ciência, o qual por isso mesmo deve permanecer, continuar e evoluir cada vez mais. Foi esse caminho que nos pautou, até pouco tempo, no trabalho, na docência e na pesquisa.

Já o conceito de multi ou pluridisciplinaridade remete ao encontro de pesquisadores de várias áreas do conhecimento ou de diversas disciplinas que se reúnem para estudo, análise, compreensão, aprofundamento, pesquisa ou busca de soluções para determinado problema ou fenômeno, trazendo cada qual informações e descobertas para colaborar para uma visão mais complexa, um melhor diagnóstico e possibilidades diferentes de encaminhar o problema ou fenômeno que está sendo estudado. Espera-se que dessa justaposição de informações resulte algo mais abrangente e, por conseguinte, mais completo e profundo. Pode-se dizer que esse é o objeti-

Marcos T. Masetto

vo da multidisciplinaridade. Estamos dando um passo à frente na construção do conhecimento se compararmos com o conhecimento disciplinar.

Na abordagem multidisciplinar, trabalhamos com contribuições científicas diferentes, paralelas, tendentes ao estudo de um objetivo comum por adição dessas contribuições. Nessa perspectiva, a ciência assume que, para melhor compreender um fenômeno, é preciso analisá-lo e considerá-lo de diversos pontos de vista. É como se víssemos uma imagem através de diversas lentes coloridas, uma de cada vez (Masetto, 2006).

Por exemplo, encontramo-nos hoje diante de um grande problema: a situação econômica do país. As perspectivas de encaminhamento surgem dos especialistas em economia, de políticas públicas para atender às necessidades da população brasileira, de sociólogos, filósofos, historiadores, educadores, profissionais e trabalhadores dos diferentes setores de serviço, dos partidos políticos, dos órgãos de classe. Sem dúvida, essas contribuições, no seu mais variado espectro, oferecem melhores condições de conhecer e diagnosticar o problema, mas cada uma delas o faz de sua perspectiva de compreensão e de ação. Há de eleger a melhor entre elas. Estamos diante de uma perspectiva multidisciplinar, com lentes de cores diferentes que nos mostram o problema de perspectivas diversas.

Se, porém, olhássemos uma imagem através de todas as lentes coloridas sobrepostas no mesmo instante, por certo veríamos o objeto com cor diferente de cada lente separadamente, e com uma visão nova e talvez mais interessante. Com essa nova imagem entramos na perspectiva interdisciplinar do conhecimento.

A preocupação atual em torno da interdisciplinaridade como alternativa ao fazer científico disciplinar se prende a várias situações: à percepção de que a explicação ou compreensão dos fenômenos humanos e do mundo tem uma complexidade que as ciências disciplinares e a tecnologia, até mesmo em suas especialidades cada vez mais profundas e argutas, não conseguem sozinhas compreender; ao surgimento de novas tecnologias eletrônicas que descortinaram horizontes mais amplos de intercomunicação entre pesquisadores das mais diferentes áreas do saber e novos métodos de pesquisa; enfim, à busca de atividades que superem a fragmentação do saber.

O conceito de interdisciplinaridade apresenta um paradigma de conhecimento e de ciência que ultrapassa o modelo tradicional disciplinar e também a perspectiva multidisciplinar, uma vez que nos permite esperar a produção de um conhecimento científico novo com base em duas ou mais diferentes áreas de conhecimento que se integram para tal. Se na multidisciplinaridade as disciplinas mantêm suas especificidades e apenas se juntam para um olhar paralelo e conjunto sobre um objeto de pesquisa ou um fenômeno, na interdisciplinaridade esses olhares paralelos se integram, permitindo que um novo conhecimento se produza: aquele que não se encontrava nem em uma, nem em outras disciplinas isoladamente, mas surge pelo embate e pela integração de aspectos de ciências diversas.

A interdisciplinaridade coloca as disciplinas em diálogo, permitindo uma nova visão da realidade e dos fenômenos. Trata-se de um novo conhecimento que só passa a existir porque e enquanto duas ou mais áreas se encontraram.

No exemplo sobre a economia do país, não se trata de selecionar uma das perspectivas disciplinares propostas para diagnóstico e ação consequente, mas de, partindo do embate entre as várias perspectivas, descobrir um diagnóstico mais completo e, possivelmente, mais correto para a situação – que não é privilégio desta ou daquela ciência, mas da integração de todas elas. Então, será possível encaminhar o problema de maneira mais adequada diante da complexidade do problema. Insisto: diagnóstico e encaminhamentos que não se encontravam em nenhuma das áreas específicas, mas só puderam surgir e acontecer com a integração dos saberes para um novo conhecimento.

A interdisciplinaridade pode se manifestar pelo diálogo e pela troca de conhecimentos, de análises, de métodos entre duas ou mais disciplinas, bem como pela transferência de métodos de uma disciplina para outra na resolução de um problema. Constitui, assim, uma aspiração emergente de superação da racionalidade científica hegemônica. Aparece como outra forma de produção de conhecimento, de construção de novos paradigmas científicos, de articulação da pluralidade dos saberes em torno de problemáticas comuns, de desenvolvimento de trocas e experiências e modos de realização de parcerias, de aproximação do conhecimento à sociedade.

Trata-se de uma nova modalidade de atuação científica que exige uma profunda compreensão de seu significado científico e educacional; uma abertura do docente e do pesquisador para superar um paradigma até agora profundamente enraizado em todos nós, ou seja, o modelo disciplinar de ensino e pesquisa.

Isso aponta para um trabalho árduo e diário, em nossa profissão, em nossa docência, em nossas pesquisas, em nossas discussões de reformulação curricular. Demanda que exercitemos de modo diferente os debates, reflexões e análises, sempre preocupados em compreender o mundo, os homens, os fenômenos, as profissões e a própria cidadania para além da disciplinaridade. Esta continua como base do diálogo científico, mas não poderá agora reter dentro de si toda a explicação científica da vida, do homem, da sociedade. Um novo conhecimento produzido pelo entrelaçar de diversas disciplinas é que dará conta das novas exigências da ciência.

CURRÍCULO DISCIPLINAR/INTERDISCIPLINAR

Com base nos princípios do tópico anterior, que procuraram explicitar o significado e as consequências da interdisciplinaridade, a construção de um currículo interdisciplinar exige um novo paradigma curricular.

Como vimos, o currículo atual e tradicional do ensino superior no Brasil se impõe desde 1808. A ênfase de formação estava apenas no desenvolvimento de objetivos cognitivos, seguidos de uma prática profissional repetitiva; por isso mesmo os professores são contratados como especialistas em sua área de conhecimento, muitas vezes selecionados pelo sucesso em sua atividade profissional.

Os princípios epistemológicos desse currículo concebem um conhecimento produzido e socializado em disciplinas específicas de determinada área do conhecimento, desenvolvidas de modo estanque e com informa-

Trilhas abertas na universidade

ções fragmentadas, cuja integração se espera acontecer ao longo de um currículo por ação individual do aluno.

São princípios dessa organização curricular: lógica linear ao processar o conhecimento; estabelecimento de pré-requisitos entre as disciplinas; teoria sempre precedendo a prática; planejamento de disciplinas independentes umas das outras e justapostas tanto na linha horizontal (entre as disciplinas do mesmo período do curso) quanto em seu aspecto vertical (umas após as outras na sequência dos períodos).

Conhecimentos, experiências e informações se transmitem dos que sabem (professores) para os que não sabem (os alunos), devendo estes últimos reproduzir informações e experiências transmitidas como sinal de sua aprendizagem e, por conseguinte, de sua competência profissional.

Com base nesse último princípio epistemológico definem-se os papéis e funções dos dois principais integrantes do processo de formação no ensino superior – professor e aluno –, com atividades predominantemente individualizadas de um e de outro. Estabelece-se entre eles uma relação de sabedoria, hierarquia e poder.

A metodologia de ensino e o processo de avaliação também se delineiam por esses mesmos princípios epistemológicos. Destacam-se a técnica da aula expositiva como melhor instrumento para transmitir a matéria de uma disciplina, sob a responsabilidade de um especialista na área, e a prática com demonstração pelo professor de "como se faz", esperando-se mais uma vez a reprodução exata desta pelos alunos.

O processo de avaliação caracteriza-se pelo uso de técnicas que permitam verificar o resultado da aprendizagem (produto), selecionando-se por intermédio de provas os alunos que podem ser aprovados e reprovando os que não conseguiram obter o mínimo esperado nos testes.

A organização da matriz curricular, semanal e semestral, reforça mais uma vez a justaposição das disciplinas e sua completa independência.

Tal paradigma não colabora para a formação de um profissional na sociedade contemporânea, conforme as Diretrizes Curriculares Nacionais. Se de fato queremos um novo profissional, precisamos urgentemente inovar e criar um novo paradigma baseado na interdisciplinaridade.

Marcos T. Masetto

Para analisar currículos com paradigma curricular interdisciplinar, selecionamos dois oriundos da área da saúde: o da Universidade McMaster, no Canadá, e o da Universidade de Maastricht, na Holanda, considerados pioneiros e inovadores nessa modalidade.

Currículo interdisciplinar de Medicina da Universidade McMaster

O projeto de formação dos profissionais da saúde implantado na Universidade McMaster, em Ontario (Canadá), na década de 1970/80, foi adotado posteriormente pela Faculdade de Medicina da Universidade de Harvard, nos Estados Unidos.

Em que consiste tal projeto e quais são seus pontos fortes e inovadores? Baseando-nos em Venturelli (1997), em vídeos e em outras publicações (indicadas na Leitura complementar deste capítulo), apresentamos uma síntese dele.

No prólogo de seu livro, Venturelli (1997, p. v, tradução nossa) expressa sua preocupação quanto à formação profissional na área da saúde, na qual se busca

> simplesmente aumentar a quantidade de conteúdos sem identificar formas de aprendê-lo melhores e mais eficientes; a metodologia de aprendizagem de adultos não é considerada nos planos educacionais universitários; os aspectos de avaliação que determinam a forma de estudar são ignorados e se mantêm sistemas que fazem do aluno alguém que "passou na prova" e não um indivíduo que vai responder às necessidades de um país em determinada área. Isso torna a educação inflexível, irrelevante, pouco estimulante e, pior, ineficiente ao extremo.

Nesse sentido, o currículo de Medicina da McMaster volta-se para a formação de um profissional que atenda às necessidades do país na área com um processo educativo flexível, relevante, estimulante ao extremo e significativo, e, por isso mesmo, eficiente. Tal currículo foi construído sobre os seguintes princípios:

Trilhas abertas na universidade

- Ênfase em objetivos educacionais para a formação do profissional da saúde – desenvolvimento da curiosidade do aluno e de práticas de pesquisa interdisciplinar com relação ao conhecimento; desenvolvimento de atitudes como ética e sensibilidade nas relações com os pacientes; compromisso com uma aprendizagem ativa e com a formação continuada.
- Desenvolvimento do aluno como sujeito autônomo de sua formação, corresponsável, com o professor, pelo processo de aprendizagem e parceiro dos colegas.
- Desenvolvimento do processo de aprendizagem por descobertas dirigidas e de forma colaborativa; os colegas atuam em pequenos grupos.
- Ênfase na integração entre teoria e prática profissional desde o primeiro semestre do curso com atividades integrativas de baixa complexidade; nos semestres subsequentes, dão-se práticas profissionais planejadas e vivenciadas respeitando-se os níveis de complexidade de acordo com o avanço dos alunos em seu percurso de formação médica. A integração entre teoria e prática é realizada com o professor ou com um profissional da saúde. Já no primeiro dia de aula o aluno recebe um estetoscópio (símbolo da integração da teoria e da prática em sua formação).
- Resgate do papel do professor como mediador do processo de aprendizagem dos alunos, substituindo-se sua função tradicional de especialista em proferir grandes conferências e aulas magnas.

A organização curricular interdisciplinar deste curso de Medicina se apoia nos seguintes pontos:

a *Organização dos conteúdos curriculares por grandes temas da saúde e da formação médica.* A compreensão de cada um desses grandes temas exigirá a pesquisa de informações de diversas áreas e conhecimentos disciplinares, que serão estudados e analisados de forma integrada (não num formato de disciplinas, mas como informações necessárias para compreendê-lo).

Tal estudo interdisciplinar está voltado para a formação de um profissional da saúde preocupado com o cuidado integral do paciente, em seus aspectos de promoção e prevenção da saúde e no seu restabelecimento, se for o caso de uma patologia a ser superada.

Além disso, o aluno deve dominar as informações necessárias à aprendizagem de práticas de diagnóstico em situações normais e patológicas e, no caso de identificação de uma patologia, a discussão do diagnóstico, dos possíveis tratamentos, dos medicamentos a ser ministrados e dos procedimentos a ser realizados – de exames a cirurgias. O importante é o restabelecimento da saúde do paciente.

Nesse modelo, integram-se informações e conhecimentos, atitudes e práticas médicas, atuação em equipes interdisciplinares e interprofissionais, competências exigidas para a resolução eficiente e eficaz de uma situação prática (real ou simulada) da vida de um paciente.

Isso incentiva os alunos a pesquisar informações nas diferentes áreas do conhecimento representadas pelas disciplinas, mas com uma grande diferença: não se trata de estudar um programa preestabelecido pelas disciplinas, mas de conseguir informações precisas e específicas de cada uma delas, cuja integração com informações de outras áreas disciplinares permitirá o estudo interdisciplinar de um grande tema. Não se aprendem disciplinas por elas mesmas, ou apenas porque são importantes em si, mas porque suas informações ou competências integradas permitirão compreender, diagnosticar e explicar questões de saúde ou doença em sua etiologia, prevenção e terapêutica.

Com a orientação do professor e a colaboração dos colegas, as informações são pesquisadas, discutidas e integradas numa dimensão interdisciplinar. Especialistas poderão ser convidados a participar desse processo, se for necessário. Coadunam-se, assim, a aprendizagem teórica e a prática profissional.

A duração de cada módulo-tema se estende por 12 semanas, em tempo integral, com a participação de um grupo de 15 a 17 alunos. Ao término de cada módulo, o grupo se dissolve e se recompõe para o estudo de novo tema. O conjunto de 20 ou mais módulos a ser cursados pelos alunos constituirá a organização curricular que visa à formação do profissional da saúde.

Trilhas abertas na universidade

O currículo é inteiramente redesenhado dentro do programa normal de estudo de medicina, inclusive na redistribuição de espaço e tempo de aprendizagem.

b   *Constituição dos grupos para o estudo de cada grande tema.* A responsabilidade, pessoal pelos estudos e pela formação profissional, bem como a ética no relacionamento com colegas, professores, pacientes e sociedade, são eixos, verdadeiros pilares dessa formação. Relembro que elas não compõem disciplinas à parte, estando presentes em todo o curso – no estudo de cada tema e nas atividades práticas concomitantes nos grupos de estudo.

  O protagonismo do aluno incentivado por esse modelo o encaminha, com a mediação de seu professor orientador, a realizar colaborativamente atividades de pesquisa, de debate e de prática profissional planejadas para cada módulo. Como vimos, em cada módulo, o grupo é constituído por 15 a 17 alunos e um professor coordenador, que trabalham em equipe durante 12 semanas, em tempo integral. Ao término desse período formam-se novos grupos, com novo professor orientador e novo tema que será estudado durante as próximas 12 semanas – e assim sucessivamente, até completarem todo o currículo de formação.

c   *Metodologia aplicada.* Nesse currículo interdisciplinar, destacam-se: pesquisa individual; exploração da biblioteca; leitura; debates em grupos pequenos; debates com o professor e com especialistas; resolução de dúvidas e problemas; estudo de casos; visitas a hospitais, enfermarias, centros cirúrgicos, ambulatórios, consultórios médicos, postos de saúde, prontos socorros e demais espaços de atuação médica; participação em atividades práticas com médicos nos vários ambientes de exercício da medicina; atividades práticas com pacientes; atividades profissionais simuladas; discussão de casos após observá-los por circuito fechado de TV etc. Não há mais aulas expositivas para grandes turmas. Os alunos estudam o ano inteiro individualmente e em pequenos grupos, vivenciando de forma direta as situações e vivências profissionais.

Marcos T. Masetto

Processo de avaliação. O processo de avaliação é contínuo e oferece *feedback* para os alunos em todas as atividades realizadas. Ele existe para ajudar o aluno a aprender, a corrigir possíveis erros, a desenvolver ainda mais seu aprendizado durante cada um dos módulos. O *feedback* é contínuo e imediato, com diálogo e orientação do professor ou dos colegas nas diversas atividades que o aluno desenvolve. Não há provas nem exames.

Tal *feedback* poderá vir do próprio aluno (autoavaliação), dos colegas do grupo, do professor orientador e dos pacientes com os quais o estudante interage durante sua formação.

Diferentemente dos outros sistemas tradicionais, em que a tensão se concentra no período de provas, neste a tensão é contínua, pois o tempo todo os colegas e o professor orientador esperam pelo estudo ou pesquisa realizada para que a discussão ocorra com a colaboração e a aprendizagem de todos.

d *O professor nesse modelo.* Os professores coordenadores dos grupos por grandes temas trabalham em equipe, afinados com os objetivos educacionais do projeto que são assumidos por todos.

Há um trabalho de formação desses docentes para que: sejam mediadores pedagógicos no processo de aprendizagem; criem uma relação entre adultos com os alunos; apresentem atitudes de parceria na construção da formação profissional dos estudantes; trabalhem em equipe com seus pares no planejamento e na realização dos módulos; tenham atitudes adequadas à realização do projeto; e se esforcem para que as atitudes dos alunos diante de sua formação profissional sejam proativas.

Essas transformações no currículo interdisciplinar da Faculdade de Medicina da Universidade McMaster obedeceram a alguns *princípios pioneiros que revolucionaram verdades aceitas até então como indiscutíveis:*

• Colocação do aluno em contato com a realidade profissional desde o primeiro ano de faculdade. Nos currículos tradicionais, tal contato se faz a partir do terceiro ano, dedicando-se os dois primeiros anos exclusivamente às matérias básicas. Sabemos como isso desmotiva os alunos e diminui sua curiosidade inicial.

- Superação da exigência dos pré-requisitos teóricos para se partir para a prática. Hoje, as teorias de aprendizagem estudadas na psicologia educacional assumem que teoria e prática podem estar integradas, facilitando a construção do conhecimento, e que a prática profissional reflexiva é capaz de produzir conhecimento teórico. Além disso, por vezes, a prática ou o contato direto com a realidade pode anteceder a teoria, incentivando a busca de informações para compreendê-la, o que traz vantagens para uma aprendizagem significativa.
- O conhecimento nem sempre precisa ser adquirido de forma lógica e sequencial. Muitas vezes a ordem psicológica – que trabalha com o impacto, com o novo, com o conflito, com o problema, com o interesse, com a motivação – permite uma aprendizagem mais envolvente e compromissada.
- O conhecimento se constrói em rede e não exclusivamente de forma linear, partindo das noções primeiras na história da ciência. Pode-se hoje não só na universidade, mas até no ensino fundamental e médio, aprender conceitos da física contemporânea partindo dos grandes problemas ou das questões mais interessantes para os alunos, envolvendo-os com elas e voltando – se e quando for o caso – às noções e teorias fundamentais.

Currículo interdisciplinar PBL da Universidade de Maastricht

O currículo de Medicina da McMaster deu origem a outro modelo curricular conhecido como PBL, que se iniciou também na área da saúde e se estendeu para a formação de profissionais das áreas de administração, economia e direito.

Na obra *Metodologia de aprendizagem baseada em problemas*, Mamede e Penaforte (2001) demonstram com rara habilidade e competência o PBL como paradigma curricular inovador, suas raízes filosóficas oriundas de John Dewey – que desenvolveu o processo de aprendizagem baseada em problemas – e seu desenho curricular, que é completamente diferenciado do currículo tradicional.

Essa informação inicial é fundamental, pois, como vimos, no Brasil nem sempre o PBL foi compreendido como paradigma curricular inovador. Quase sempre se valorizava apenas o estudo por meio da resolução de problemas, deixando-se de lado todos os demais componentes desse modelo curricular.

O paradigma curricular do PBL pretende formar profissionais da saúde com espírito inquiridor, atitude de aprendizagem permanente, capacidade de articular a promoção da saúde com a prevenção de doenças e com terapias necessárias para o restabelecimento da saúde, dedicação à integralidade do cuidado com o paciente, empatia para com os doentes e abertura para as demandas sociais e políticas na área da saúde.

Assim, o PBL propõe um processo de autoaprendizagem integrado à aprendizagem colaborativa (em pequenos grupos), orientado por um tutor, com base em problemas que são formulados pelos professores participantes do curso e serão resolvidos pelos alunos na busca de sua formação profissional.

Entenda-se por *problema* um fenômeno da realidade ou uma situação profissional elaborado e descrito pela equipe de professores engajados no currículo, com objetivos claros de formação médica, e apresentado ao grupo de alunos pelo seu coordenador (tutor) para ser estudado, compreendido, explicado e, se for o caso, resolvido pelo grupo com orientação de seu coordenador.

No PBL, os problemas constituem módulos do currículo que integram conhecimento e prática profissional. Entre os assuntos estudados estão a relação com os pacientes, as disciplinas básicas e as clínicas e outras áreas de conhecimento – como psicologia, nutrição e estética –, além das diferentes terapias demandadas por cada problema a ser resolvido.

A escolha e a construção de problemas como eixos do desenho curricular atendem a vários objetivos:

a *Construir um conhecimento interdisciplinar.* Esse modelo curricular não dispõe de um conjunto de disciplinas organizadas como tais (currículo tradicional) para subsidiar a aquisição de informações necessárias. Há um problema de saúde ou doença, de prevenção ou promoção de saúde ou de funcionamento de algum sistema do organismo humano que será estudado desde sua constituição normal até a patológica. Nesse sentido, conhecimentos de anatomia, biologia, fisiologia, patologia etc., necessárias ao diagnóstico e à terapêutica do problema, serão pesquisados pelos alunos em diversas fontes, inclusive nas disciplinas básicas e clínicas fundamentais para a formação do profissional da saúde.

Depois de realizadas as pesquisas pelos alunos com orientação do professor, o grupo poderá integrar essas informações de forma interdisciplinar em função do problema que está posto, buscando sua compreensão, seu diagnóstico e sua terapia.

Esse modelo tem grande potencial para gerar no aluno interesse pelo estudo, pela pesquisa, pela aprendizagem e por sua formação. Além disso, incentiva a autoaprendizagem e a aprendizagem colaborativa em equipe, permitindo-lhe desenvolver seu protagonismo e obter autonomia pessoal e profissional.

b *Integração teoria/prática*. A solução de um problema concreto e real exige que, uma vez diagnosticado, se mobilizem os conhecimentos adquiridos para sua solução eficaz. Desse modo, a intervenção imediata numa situação profissional faz parte do currículo. O aluno logo integra conhecimentos adquiridos à sua aplicação imediata, desenvolvendo habilidades e atitudes necessárias para obter a solução esperada. A aprendizagem se realiza em suas múltiplas dimensões: cognitiva, emocional, de habilidades e competências e de atitudes.

c *Desenvolvimento de uma metodologia de solução de problemas*. Os problemas, além de se constituir como organizadores do currículo, são resolvidos com uma orientação metodológica bem detalhada de passos a ser seguidos até sua aprendizagem final.

- Inicia-se com uma apresentação geral do tema e, em seguida, os pequenos grupos tomam conhecimento do problema redigido, sem informações teóricas anteriores.

- Em contato com o problema, cada grupo procurará explicitar que objetivos de aprendizagem deverá atingir com sua solução; de que meios e recursos necessita para conseguir esses objetivos; e como saberá se estes foram atingidos.

- Com orientação do professor, executam os sete passos para a solução do problema: 1) esclarecer termos e expressões no texto do problema; 2) definir o problema; 3) analisá-lo; 4) sistematizar análise e hipóteses de explicação ou solução do problema; 5) formular objetivos de aprendizagem; 6) identificar fontes de informação e adquirir novos conhecimentos individualmente; 7) sintetizar o conhecimento e revisar hipóteses iniciais para o problema (Schmidt, 1983, *apud* Mamede e Penaforte, 2001, p. 36).

  Segundo a filosofia de aprendizagem do modelo PBL, o encaminhamento da explicação e/ou a solução do problema se desenvolverá com caráter interdisciplinar, utilizando e integrando informações de diversas disciplinas e outras fontes de informação e práticas profissionais.

d *Novos papéis do professor e do aluno se delineiam.* O professor apresenta o problema, orienta os trabalhos em equipe e explica como realizar a pesquisa. Além disso, planeja as estratégias e o processo de avaliação, coordena os debates, medeia a resolução de dúvidas e as respostas às perguntas e orienta as habilidades, competências e atitudes necessárias ao profissional da saúde em todo o percurso da resolução daquele problema.

Ao aluno cabe uma posição de sujeito do próprio processo de formação, em que será preciso explicitar todos os aspectos do problema. Ele deverá expor os objetivos de aprendizagem, identificar fontes de informação, buscá-las, estudá-las, sintetizá-las, analisá-las, debatê-las com os colegas, formular hipóteses de solução quando for o caso e discutir encaminhamentos cabíveis, avaliar-se e receber avaliação de seu desempenho, trabalhando individual e coletivamente (em pequenos grupos) para resolver o problema.

Não se espera que o aluno seja capaz de realizar tudo isso sozinho. Daí a importância do professor como tutor que orienta o aluno (mas não resolve por ele) e da formação de pequenos grupos para que os estudantes aprendam a colaborar uns com os outros no processo de aprendizagem.

e *Novo processo de avaliação*. A avaliação acontece pelo acompanhamento contínuo do aluno e do grupo, com *feedback* imediato sobre informações adquiridas de diversas áreas de conhecimento, integradas na construção do conhecimento e na aplicação prática. Há um acompanhamento contínuo das práticas profissionais planejadas e realizadas, das habilidades demonstradas e das atitudes discutidas. Aluno e professor vivem uma realidade de auto e heteroavaliação com relação ao desempenho de ambos e à adequação do plano de aprendizagem.

CONSIDERAÇÕES FINAIS

Os dois paradigmas discutidos neste capítulo constituem trilhas de inovação para o ensino superior. Pioneira, porque aparecem já nos primórdios dos currículos inovadores, mas permanecem com perspectivas novas e atuais para nossos dias.

É verdade que em ambos a condição básica para um currículo inovador que permita a construção do conhecimento interdisciplinar é a superação de um currículo organizado por disciplinas que fecham as informações em sua área de conhecimento e os que as apresentam justapostas e fragmentadas diante da formação profissional. De fato, a superação de um currículo tradicional disciplinar é uma condição básica. Sem ela, por definição, não há como conceber nem implantar um currículo interdisciplinar.

Marcos T. Masetto

Referências bibliográficas

Araújo, U.; Sastre, G. (orgs.). *Aprendizagem baseada em problemas no ensino superior*. São Paulo: Summus, 2009.

Barrows, H. S. *Cómo diseñar un currículo de preclínicas basado en problemas*. Facultad de Ciencias Médicas. Trujillo: Ed. da Universidade de Trujillo, 1994.

Campos, L. C. de; Dirani, E. A.; Manrique, A. L. (orgs.). *Educação em engenharia – Novas abordagens*. São Paulo: Educ, 2011.

Fazenda, I. (org.). *Didática e interdisciplinaridade*. Campinas: Papirus, 1998.

Ferreira Filho, O. F. *et al.* "Visão docente do processo de implementação da aprendizagem baseada em problemas (ABP) no curso médico da UEL". *Revista Brasileira de Educação Médica*, v. 26, n. 3, set.-dez. 2002.

Mamede, S.; Penaforte, J. (orgs.). *Metodologia de aprendizagem baseada em problemas*. Fortaleza: Hucitec, 2001.

Masetto, M. T. "Um paradigma Interdisciplinar, para a formação do cirurgião-dentista". In: Carvalho, A. C. P.; Krieger, L. (orgs.). *Educação odontológica*. São Paulo: Artes Médicas, 2006.

McDermott, J. J. (org.). *The philosophy of John Dewey*. Chicago: The University of Chicago Press, 1981.

Pacheco, J. A. *Currículo: teoria e práxis*. Porto: Porto, 1996.

Pereira, E. (org.). *Universidade e currículo*. Campinas: Mercado de Letras, 2010.

Schmidt, H. "Problem-based learning: rationale and descriptions". *Medical Education*, v. 17, n. 1, jan. 1983, p. 11-16.

Thiesen, J. da S. "A interdisciplinaridade como um movimento articulador no processo ensino-aprendizagem". *Revista Brasileira de Educação*, v. 13, n. 39, set.-dez. 2008, p. 545-53.

Venturelli, J. *Educación médica: nuevos enfoques, metas y métodos*. Washington: Organização Pan-Americana da Saúde/Organização Mundial da Saúde, 1997.

Leitura complementar

Batista, N. A.; Vilela, T. Q.; Silva Batista, S. H. *Educação médica no Brasil*. São Paulo: Cortez, 2015.

Bairon, S. *Interdisciplinaridade*. São Paulo: Futura, 2004.

Trilhas abertas na universidade

BERBEL, N. "A problematização e a aprendizagem baseada em problemas: diferentes termos ou diferentes caminhos?". *Interface*, v. 2, n. 2, 1988, p. 139-54.

CARVALHO, A. C. P.; KRIEGER, L. (orgs.). *Educação odontológica*. São Paulo: Artes Médicas, 2006.

COSTA, N. M.; PEREIRA, E. R. *Ensino na Saúde – Transformando práticas profissionais*. Goiânia: Ed. da Universidade Federal de Goiás, 2015.

FEUERWERKER, L. *Além do discurso de mudança na educação médica*. São Paulo: 2002.

HARGREAVES, A. *O ensino na sociedade do conhecimento*. Porto Alegre: Artmed, 2004.

KOMATSU, R.; ZANOLLI, M.; LIMA, V. "Aprendizagem baseada em problemas". *Revista Brasileira de Educação Médica*, v. 27, n. 1, 2003.

LAMPERT, J. B. *Tendências de mudanças na formação médica no Brasil – Tipologia das escolas*. São Paulo: Hucitec, 2002.

SOUSA, L.; SHUVARTZ, M. (orgs.). *Formação de profissionais de saúde na Universidade Federal de Goiás*. Goiânia: Ed. da Universidade Federal de Goiás, 2015.

VAN DER VLEUTEN, C. P. M.; VERWIJNEN, G. M.; WIJNEN, W. H. F. W. "Fifteen years of experience with progress testing in a problem-based learning curriculum". *Medical Teacher*, v. 18, n. 2, 1996.

VASQUEZ, J. *et al. Aprendizaje basado en solución de problemas – PBLM*. Trujillo: Ed. da Universidad Nacional de Trujillo, 1999.

WACHOWICZ, L. A. *A interdisciplinaridade na universidade*. Curitiba: Champagnat, 1998.

ZABALZA, M. A. "A construção do currículo: a diversidade numa escola para todos". In: SOUSA, O. C. de; CALVET RICARDO, M. M. (orgs.). *Uma escola com sentido: o currículo em análise e debate*. Lisboa: Edições Universitárias Lusófonas, 2003.

3 UNIVERSIDADE FEDERAL DO PARANÁ LITORAL: UM PROJETO PEDAGÓGICO INSTITUCIONAL POR PROJETOS

INTRODUÇÃO

Analisaremos neste capítulo o caso da Universidade Federal do Paraná (UFPR), que decidiu criar um campus no litoral paranaense com o propósito claramente definido de inovar seu projeto educacional como instituição e construir com um paradigma curricular inovador seus diferentes cursos de formação.

Trata-se de um dos poucos modelos curriculares que conhecemos que abrange toda uma universidade, em todos os seus cursos e atividades de formação. As demais experiência de currículos inovadores, em geral, estão concentradas num ou noutro curso de graduação.

Por isso entendemos que é significativo refletirmos sobre tal experiência. O *Relatório de acompanhamento da implantação da UFPR Litoral*, em sua versão de outubro de 2007, orienta-nos, bem como solicita nossa presença no campus da instituição em diversos momentos, debatendo a formação dos professores e o projeto curricular e orientando cinco pesquisas que se transformaram em uma dissertação de mestrado e quatro teses de doutorado.

O PROJETO PEDAGÓGICO DA UFPR LITORAL

O projeto pedagógico da UFPR Litoral se construiu no município de Matinhos. A universidade almejava inserir-se nessa região a fim de atuar decisivamente para seu desenvolvimento por meio da implantação de cursos universitários que a alavancassem do ponto de vista educacional, econômico, cultural, político e social.

Seu grande objetivo se definiu como o de formar profissionais comprometidos com a educação, com a saúde, com questões socioambientais e com o empreendedorismo para promover o desenvolvimento sustentável que desenvolvesse protagonismo e emancipação de pessoas.

Os termos do *Relatório de acompanhamento* (UFPR, 2007, p. 11) são claros e contundentes:

> Trata-se de uma unidade situada no município de Matinhos e implementada pela UFPR (Universidade Federal do Paraná) em parceria com as instâncias governamentais. Como a formação educacional está voltada às necessidades e demandas da região litorânea do Paraná, a abrangência e o foco institucional do Projeto Político Pedagógico da UFPR Litoral incorporam uma nova perspectiva nesta região.
>
> Tendo como ponto de partida a realidade regional, o projeto pressupõe uma concepção que integra a educação pública em todos os seus níveis. O planejamento e a execução das atividades acadêmicas que buscam a formação de profissionais qualificados e com responsabilidade social são articulados com todos os níveis educacionais. Para tanto, a proposta pedagógica da UFPR Litoral, baseada no trabalho por projetos, é desenvolvida junto às comunidades locais, buscando contribuir decisivamente para o desenvolvimento científico, econômico, ecológico e cultural. Isso propicia uma forte interação entre a comunidade da UFPR Litoral e a comunidade litorânea na construção de um novo ciclo de desenvolvimento regional.

Com essa meta, privilegiou-se a oferta de cursos de graduação voltados para as necessidades e demandas da região, inexistentes no litoral e que correlacionassem graduação e ensino profissionalizante. Citamos como exemplos:

- Agroecologia com Gestão Ambiental (o ser humano e a natureza em harmonia, compromisso com a sustentabilidade).
- Enfermagem com Fisioterapia.

- Gestão Ambiental (compromisso com a sustentabilidade).
- Gestão Desportiva e do Lazer (comunidade e natureza).
- Gestão Imobiliária com Gestão e Empreendedorismo (agentes de desenvolvimento, compromisso social e ética profissional).
- Gestão Pública (compromisso com os interesses da sociedade).
- Saúde Coletiva (saúde e qualidade de vida).
- Gestão de Turismo e Hospitalidade com Serviço Social (vida com qualidade no litoral paranaense, cidadania com desafio profissional).
- Licenciatura em Artes (expressão humana com compromisso social).
- Licenciatura em Ciências (ciência e educação pública).
- Licenciatura em Linguagem e Comunicação (envolvimento humano por meio da comunicação).
- Informática e Cidadania (compromisso social com tecnologia cooperada).
- Ensino médio integrado ao curso técnico de Orientador Comunitário (compromisso com a comunidade).

A estrutura curricular de todos os cursos se orientou por alguns princípios comuns:
- desenvolvimento integral do ser humano;
- desenvolvimento da capacidade crítica e da proatividade do educando em todas as atividades formativas;
- desenvolvimento do conhecimento multi e interdisciplinar;
- relação desse conhecimento com situações reais e problemas concretos da região;
- organização curricular por projetos;
- exercício da docência fundamentada na mediação pedagógica;
- metodologias ativas de aprendizagem;
- avaliação contínua e acompanhamento permanente do desenvolvimento e da formação dos alunos.

A esses princípios comuns se acrescentaram os demais que configuravam o perfil específico de cada profissional, conforme seu curso.

Trilhas abertas na universidade

Um dos princípios comuns dos cursos é a organização curricular por projetos, uma vez que o modelo curricular tradicional, organizado por disciplinas justapostas, não se mostrou adequado. Urgia encontrar uma nova estruturação curricular.

Os idealizadores do projeto entenderam que os currículos dos cursos deveriam se organizar sobre três grandes eixos: fundamentos teórico-práticos, integração cultural e humanística e projetos de aprendizagem – eixos esses que constituíram espaços curriculares de aprendizagem.

O eixo dos fundamentos teórico-práticos atende às Diretrizes Curriculares Nacionais (DCNs) de cada curso e propicia os saberes necessários ao desenvolvimento dos profissionais daquele curso, por meio dos projetos de aprendizagem.

Nesse eixo, os estudantes realizam a iniciação à pesquisa científica de caráter interdisciplinar e multidisciplinar, além de ter acesso à formação filosófica, política e humana para que sejam capazes de atuar com competência e cidadania em situações concretas.

O eixo correspondente à integração cultural e humanística valoriza os diferentes saberes e lugares culturais que compõem a vida social. Realiza atividades que promovem a interação entre estudantes de cursos diferentes, docentes, funcionários e comunidade externa, a fim de que conheçam, experienciem e problematizem os saberes culturais da comunidade em que se encontra inserida a universidade, visando fortalecer compromissos éticos e políticos e uma vivência social e acadêmica desses valores e saberes culturais.

Já o eixo dos projetos de aprendizagem se apresenta como um diferencial: incentiva o estudante a construir sua formaçao integrando diversas árcas do conhecimento, unindo conhecimento e realidade, teoria e prática e, por vezes, atuação em situações profissionais.

> O aluno é incentivado a perceber criticamente a realidade, compreender os vários aspectos que a estruturam e a estabelecer ações onde a busca de conhecimento se encontra com situações da realidade local, configurando relações entre pessoas, saberes e instituições, entre elas a UFPR e a comunidade da região litorânea. (UFPR, 2007, p. 36)

Na realização do projeto, o aluno vivencia o exercício profissional como sujeito corresponsável por seu processo de aprendizagem e aprende a dar significado ao conhecimento, integrando-o a um cotidiano balizado por valores locais que o orienta em suas decisões.

Desde o início do curso o aluno aprende a escolher seus projetos de aprendizagem de acordo com a proposta institucional da universidade de colaborar com o desenvolvimento local que vise à superação de problemas ou ao desenvolvimento de potencialidades. Assim, geram-se conhecimento e capacitação da população local, propiciando a esta um modo de vida digno e sustentável.

A título de exemplos, podemos citar alguns projetos de aprendizagem em andamento:

- Manguezal – preservação, reflorestamento, uso sustentável e educação ambiental (Agroecologia).
- Plantas alimentícias não convencionais e seus potenciais de uso no litoral (Agroecologia).
- A importância da restinga na cidade de Matinhos (licenciatura em Ciências).
- Preservação das tartarugas na Ilha do Mel (licenciatura em Ciências).
- Relação entre curvatura lombar, flexibilidade lombar e dor lombar e nível de atividade física em surfistas no município de Matinhos (Fisioterapia).
- Avaliação da contaminação por agrotóxicos no litoral paranaense (Gestão Ambiental).
- Mapeamento da distribuição da fauna no litoral do Paraná, subsídios para os planos de conservação (Gestão Ambiental).
- Otimização do sambaqui do Guaraguaçu (Gestão de Turismo).
- Sustentabilidade no turismo náutico (Gestão de Turismo).
- Promoção da saúde e de atividades de prevenção em uma escola de Matinhos (Educação Física).
- Ecoturismo na aldeia indígena Ilha da Cotinga, etnia mbyá-guarani (Gestão e Empreendedorismo).

Trilhas abertas na universidade

- Redes organizacionais das imobiliárias de Guaratuba (Gestão e Empreendedorismo).
- O impacto dos alagamentos na valorização e negociação dos imóveis em Caiobá (Gestão Imobiliária).
- Inclusão digital no contexto do projeto "Cidade Digital" no município de Morretes (Informática e Cidadania).
- Criação da biblioteca itinerante da UFPR Litoral (Linguagem e Comunicação).
- Registro de festas culturais do litoral paranaense (Orientação Comunitária).
- A precarização do atendimento do Serviço Único de Saúde (SUS) na área da saúde mental do município de Matinhos (Serviço Social).
- O desaparecimento da pesca artesanal no litoral paranaense (Serviço Social).

A proposta de formação da UFPR Litoral, baseada no *trabalho por projetos*, destaca-se como um diferencial no processo de aprendizagem.

Pesquisando essa experiência e aprofundando seus estudos sobre o paradigma de currículos por projetos, Keller-Franco (2012, p. 76) entende que nesse projeto está presente um dos modelos desse paradigma:

> [...] o currículo é repensado para priorizar o projeto e mais tarde são escolhidas as disciplinas que favoreçam o alcance dos projetos e a *performance* dos alunos. O foco é o projeto e não os conteúdos disciplinares. Estes entram para alimentar os projetos. Esta mudança já atinge o nível institucional e representa uma mudança curricular significativa: o projeto é o centro do currículo e não as disciplinas.

A mesma autora (p. 70-74), escrevendo sobre o trabalho com projetos como ancoragem para um paradigma curricular alternativo na educação superior, destaca algumas características do currículo por projetos que encontramos na proposta da UFPR Litoral:

- integração entre o mundo vivencial e a instituição de ensino superior;
- valorização da aprendizagem partindo de situações problematizadoras;

- construção do conhecimento interdisciplinar com base na interação do sujeito com o meio;
- rompimento com a dicotomia entre ciências básicas e profissionais;
- organização dos conhecimentos baseada em grandes temas-problema que dão origem aos projetos – os conhecimentos disciplinares colaboram para auxiliar na compreensão do tema-problema de forma contextualizada, significativa e interdisciplinar;
- participação ativa dos alunos no processo ensino-aprendizagem; estes aprendem fazendo, agindo, experimentando, observando, interpretando, sistematizando, tomando decisões, intervindo, trabalhando individualmente e em grupo, criando, recriando, produzindo;
- nova relação professor-aluno, sujeitos no processo, com atitudes de coautoria e parceria.

O projeto da UFPR Litoral evidencia a preocupação de explicitar, entre os princípios comuns da estruturação curricular, o *exercício da docência fundamentada na mediação*.

Com efeito, não podemos esperar que os alunos cheguem à universidade com atitudes de proatividade e de protagonismo. Para que isso aconteça, serão fundamentais a cooperação dos colegas e a mediação pedagógica do professor – que, ao lado dos alunos e com eles, os ajudará a caminhar na construção de uma parceria nas atividades de aprendizagem e formação.

CONSIDERAÇÕES FINAIS

Entre os currículos Inovadores que analisamos, o paradigma adotado pela UFPR Litoral se apresenta como um dos mais complexos e difíceis de ser implementados. E isso por duas razões: primeiro porque os fundamentos teóricos que o sustentam carregam uma história de décadas no campo educacional – desde John Dewey e Kilpatrick – e agora inspiram novos currículos dos cursos de graduação. E, em segundo lugar, porque esse paradigma curricular por projetos na educação superior rompe com um modelo instaurado no Brasil em 1808 e mantido assim por séculos.

Há de se reconhecer a coragem, a ousadia, o trabalho em equipe, o compromisso e o comprometimento com a inovação por parte da instituição. Professores, gestores, funcionários, alunos e comunidade planejaram juntos esse currículo inovador que já se mantém por mais de uma década. Esperamos que ele se torne conhecido e inspire outras ousadias na área.

Referências bibliográficas

KELLER-FRANCO, E. "Inovação na educação superior: o currículo por projetos". In: MASETTO, M. T. (org.). *Inovação no ensino superior*. São Paulo: Loyola, 2012.

UNIVERSIDADE FEDERAL DO PARANÁ – UNIDADE LITORAL. *Relatório de acompanhamento da implanta*ção da *UFPR Litoral*, Matinhos, 2007.

Leitura complementar

ARANTES, C. P. *Processo de formação de professores universitários engajados no currículo por Projetos da Proposta Integral de Educação Emancipatória da UFPR Litoral*. Tese (doutorado em Educação), Pontifícia Universidade Católica de São Paulo, São Paulo (SP), 2012.

ARANTES, C. P.; FELDMANN, M. G.; MASETTO, M. T. "Projetos inovadores e a formação de professores: o caso do projeto da UFPR- Litoral". *e-Curriculum*, v. 12, 2014.

BENDER, W. N. *Aprendizagem baseada em projetos – Educação diferenciada para o século XXI*. Porto Alegre: Penso, 2014.

FAGUNDES, M. C. *Mudar a universidade é possível? Desafios e as tensões de um projeto pedagógico emancipatório*. Curitiba: CRV, 2012.

HERNANDEZ, F.; VENTURA, M. *A organização do currículo por projetos de trabalho*. Porto Alegre: Artmed, 1998.

KELLER-FRANCO, E. *Currículo por projetos: inovação do ensinar e aprender na educação superior*. Dissertação (mestrado em Educação), Pontifícia Universidade Católica de São Paulo, São Paulo (SP), 2008.

Marcos T. Masetto

_____. *Movimentos de mudança: um estudo de caso sobre inovação curricular em cursos de licenciatura da UFPR Litoral.* Tese (doutorado em Educação), Pontifícia Universidade Católica de São Paulo, São Paulo (SP), 2014.

KELLER-FRANCO, E.; MASETTO, M. T. "Currículo por projetos no ensino superior: desdobramentos para a inovação e qualidade na docência". *Triângulo*, v. 5, 2012, p. 3-21.

MASETTO, M. T. (org.). *Inovação no ensino superior.* São Paulo: Loyola, 2012.

MENGARELLI, R. R. *Inovação curricular universitária: o constante processo de constituição político-pedagógica da UFPR Litoral e os desafios na formação de seus atores.* Tese (doutorado em Educação), Pontifícia Universidade Católica de São Paulo, São Paulo (SP), 2017.

4 FORMAÇÃO DE PROFISSIONAIS POR COMPETÊNCIAS

INTRODUÇÃO

O TEMA DA formação de profissionais por competências – nas variações de ensino, aprendizagem e currículos por competências – tem sido um dos mais debatidos e controversos na educação nos mais diferentes campos: ensino básico, médio e superior, empresas, universidades corporativas etc. Porém, em cada um desses contextos o significado e o processo de desenvolvimento de competências se apresentam com concepções diferentes, objetivos diversos e perspectivas por vezes contraditórias.

Perguntando-se "a que mundo nos leva essa forma de educar por competências?", Sacristán (2011, p. 8) nos remete à polissemia de significados dessa questão:

> para uns, [educar por competências] nos conduz a uma sociedade de indivíduos eficientes na grande engrenagem do sistema produtivo [...] Outros consideram que é um movimento que enfoca a educação como um adestramento, um planejamento em que a competência resume o leque das amplas funções e os grandes objetivos individuais ou coletivos [ ] Para outros, estamos diante da oportunidade de restruturar os sistemas educacionais por dentro, superando o ensino baseado em conteúdos antigos pouco funcionais, obtendo, assim, uma sociedade não apenas eficiente, mas também justa, democrática e inclusiva.

A reflexão de Sacristán não traz uma única resposta à pergunta feita, mas indica que nossas convicções sobre educação e nossas visões de socie-

Marcos T. Masetto

dade e de mundo podem levar a caminhos diferentes nas considerações sobre educar por competências.

Segundo Perrenoud (2013), o fascínio hoje experimentado diante das competências tem que ver com o mundo do trabalho, no qual a noção de competência está no cerne da gestão das organizações, e com a escola, que a colocou no centro das recentes reformas curriculares.

Em uma sociedade moderna, a mobilidade social, profissional e geográfica, o aumento da expectativa de vida, a presença do multiculturalismo, o advento das tecnologias e a nova perspectiva da aprendizagem ao longo da vida criam continuamente situações imprevisíveis e ilimitadas. A busca da eficácia justifica a reorganização permanente do trabalho.

> Na vida contemporânea é dada cada vez maior importância ao projeto de vida, à carreira, ao desafio, ao sucesso material, à felicidade, à integração e à autoestima. O indivíduo não quer mais ser objeto, ele quer ser ator, participar e ser ouvido em diversas áreas da sociedade. (Perrenoud, 2013, p. 30-31)

Perrenoud quase inverte a pergunta de Sacristán: que mundo é esse que nos leva a buscar uma nova forma de educar por competências?

A sociedade moderna pode impulsionar a educação ou o ensino por competências como um movimento para atender às novas exigências das instituições educacionais, do mundo do trabalho, do universo escolar em todos os seus níveis, das expectativas dos indivíduos em relação ao seu desenvolvimento, das comunidades e da sociedade em suas necessidades e exigências atuais.

No ensino superior, a preocupação com a formação de profissionais competentes e de cidadãos conscienciosos leva à análise e, talvez, à utilização do ensino por competência na formação de profissionais.

Estamos pensando numa formação que, no dizer de Zabalza (2014, p. 94), "possibilita o desenvolvimento integral das pessoas e as capacita para enfrentar desafios cada vez mais complexos. Uma boa formação deve atender e equilibrar os diversos âmbitos do desenvolvimento pessoal, social e cultural dos sujeitos".

Além disso, ela deverá cobrir

os diferentes espaços de aprendizagem e desenvolvimento de competências que sejam necessários para os estudantes universitários. [...] O trabalho por competências, quando se leva a cabo sob este prisma amplo da formação, nos permite desenhar propostas curriculares equilibradas e enriquecedoras para nossos estudantes. [...] (Zabalza, 2014, p. 90)

A atualidade desse debate e a apresentação de algumas propostas de trabalhar com o ensino por competências – e até mesmo tentativas de construir currículos por competências no ensino superior, principalmente na área da saúde – levam-nos a dedicar atenção a esse tema. Neste capítulo, procuraremos refletir sobre possibilidades, proposições e processos para a utilização dessa modalidade de ensino na graduação de profissionais. Nesse percurso, cremos que aprofundar a compreensão do conceito de competência pode nos ajudar a discutir encaminhamentos para uma possível nova modalidade de formação de profissionais.

CONCEPÇÃO DE COMPETÊNCIA

Na concepção de Fleury (2001), professora da área das ciências da administração, a questão das competências surge no mundo do trabalho com o debate sobre o conceito de qualificação e do processo de formação profissional, quando se buscava estabelecer a relação entre as competências e os saberes – o saber agir – a fim de aproximar o ensino das necessidades reais das empresas.

Ao comentar as ideias de Le Boterf (1994) sobre o conceito de competências, Fleury (2001, p. 187) diz que, para esse autor,

competência é um saber agir responsável e que é reconhecido pelos outros. Implica saber como mobilizar, integrar e transferir os conhecimentos, recursos e habilidades, em um contexto profissional determinado. [...] A noção de competência aparece assim associada a verbos como: saber agir, mobilizar recursos, integrar saberes múltiplos e complexos, saber aprender, saber engajar-se, assumir responsabilidades, ter visão estratégica.

Assim Fleury (*ibidem*, p. 188) sintetiza sua concepção de competência: "*Um saber agir responsável e reconhecido, que implica mobilizar, integrar, transferir conhecimentos, recursos e habilidades, que agreguem valor econômico à organização e valor social ao indivíduo*".

Tal posição, ao mesmo tempo que esclarece os primórdios de nossa questão, ajuda-nos a fazer um paralelismo com a concepção de competência assumida na área educacional, que tem significado próprio e com a qual vamos trabalhar neste capítulo. Estabelecendo diferenças entre ambas as concepções, certamente superaremos críticas que, partindo de uma ideia empresarial de competências, afirmam a impossibilidade de trabalhar com aprendizagem por competências na área educacional.

Assim, podemos tanto *conceituar competência e identificar as diversas competências* a ser desenvolvidas na formação de profissionais quanto compreender o que vem a ser competência com base na *concepção de profissional competente*.

Sacristán (2011) afirma que há três definições majoritárias de competência. Na primeira delas, "a organização da aprendizagem [...] pretende consolidar o que se aprende, lhe dando algum tipo de funcionalidade" (p. 13). Na segunda, de caráter utilitarista, o enfoque "é representado pelas experiências de formação profissional, em que *o domínio de determinadas habilidades*, capacidades ou competências é condição primordial" (p. 14, grifos meus). E "um terceiro enfoque do ensino por competências é representado por planejamentos para os quais [...] o aprendido possa ser usado como recurso ou capacitação adquirida no desempenho de qualquer ação humana [...] (p. 14).

As reflexões de Sacristán remetem-nos a alguns debates com professores da área da saúde que entendiam que o essencial de um currículo por competências se manifestaria na melhora do treinamento de práticas e técnicas no atendimento dos pacientes.

Perrenoud (2013, p. 45, grifos meus) comenta que "nas ciências da educação e do trabalho há um consenso de se entender a competência como o *poder de agir com eficácia* em uma situação mobilizando e combinando, em tempo real e de modo pertinente, os recursos intelectuais e emocionais".

Nesse conceito de competência, a ênfase se dá no "poder de ação com eficácia", próprio de um sujeito competente que "mobiliza recursos intelectuais e emocionais" apresentando-se apto, capaz, hábil, perito para resolver situações.

O próprio Perrenoud fundamenta sua definição de competência no conceito de "operador competente" de Le Boterf (*apud* Perrenoud, 2013, p. 45, grifos meus):

> o *operador competente* é *aquele que é capaz de mobilizar* e de colocar em prática, de modo eficaz, as diferentes funções de um sistema no qual intervêm *recursos tão diversos* quanto as operações de raciocínio, os conhecimentos, as ativações da memória, as avaliações, as capacidades relacionais ou esquemas comportamentais [...].

Sacristán (2011, p. 34-35) já havia nos alertado também sobre esse fato:

> Sabemos o que significa o adjetivo *competente* porque se diz sobre alguém [...] se refere a um determinado saber fazer e fazer bem e de modo positivo; é o poder no sentido de ter capacidade para conseguir algo, como também compreendemos quando dizemos que alguém é incompetente. Estamos mais confusos agora diante do substantivo *competência* no sentido abstrato porque não podemos relacioná-la a algo (competências para). [...] Possuir competências para algo torna os sujeitos competentes.

Subjacente aos diversos verbos que conceituam competência está o de sujeito ou profissional que sabe agir de forma responsável (sabe o que faz, por que o faz, sabe julgar, escolher e decidir), que mobiliza, integra e transfere conhecimentos, recursos, habilidades com sinergia. Além disso, compromete-se, assume riscos, é empreendedor e tem visão estratégica.

Marcos T. Masetto

De acordo com Perrenoud (2013, p. 46), o sujeito é competente quando consegue:

- *Mobilizar e combinar*, para a finalidade em questão, diversos recursos: saberes, capacidades (ou habilidades), atitudes, valores e identidade; se necessário, apropriar-se de novos recursos.
- *Identificar a tempo* que recursos deverão ser mobilizados em determinada situação.
- *Combinar os recursos de forma adequada e eficaz.*

Segundo o autor (2013, p. 50), a sinergia é característica essencial para o sujeito competente: "Se os recursos não cooperarem entre si, não se articularem e não se complementarem, a ação não será eficaz".

A fim de concluir essa questão do conceito de competência para Perrenoud, lembramos que o próprio autor (2013, p. 57) cita um programa de formação em Quebec no qual a competência é definida como

> um saber agir fundamentado na mobilização e na utilização eficazes de um conjunto de recursos. Por saber agir entende-se a capacidade de recorrer de modo apropriado a uma diversidade de recursos tanto internos quanto externos [...] a competência mobiliza vários recursos e se manifesta em contextos que apresentam certa complexidade, contrariamente a um saber processual que seria aplicado isoladamente. [...]

A área da saúde – sobretudo nos cursos de Medicina, Enfermagem e Fisioterapia – é uma das que mais têm demonstrado abertura para formar seus profissionais com base na competência. Ao mesmo tempo, seus pesquisadores têm estudado e publicado muito a esse respeito.

Diz Santos (2011, p. 87, grifos meus), pesquisador da área:

> Competência profissional pode ser definida como a capacidade de mobilizar, articular e colocar em ação conhecimentos, habilidades e valores necessários ao desempenho eficiente e efetivo das atividades requeridas no contexto do trabalho. Compreende o uso habitual e criterioso do conhecimento, comunicação,

Trilhas abertas na universidade

habilidades técnicas, raciocínio clínico, valores, emoções e reflexões na prática clínica diária a serviço do indivíduo e da comunidade. [...]

Quando analisada sob a ótica da formação profissional na área da saúde, competência deverá se traduzir na *capacidade de um ser humano cuidar do outro, colocando em ação conhecimentos, habilidades e valores necessários para prevenir e resolver problemas de saúde em situações específicas do exercício profissional.* Deverá, portanto, traduzir-se na resposta satisfatória às necessidades e demandas dos indivíduos e coletividades que assiste, mediante o exercício eficiente da atuação profissional e a participação ativa, consciente e crítica no mundo do trabalho e na esfera social em que atua.

O trecho grifado define magistralmente o que se entende, hoje, por competência na área da saúde. O conceito compreende o uso habitual e criterioso do conhecimento, da comunicação, de habilidades técnicas, do raciocínio clínico, de valores, emoções e reflexões na prática clínica diária a serviço do indivíduo e da comunidade.

Corroborando as ideias de Santos, os autores Fernandes, Durão e Fonseca (2011, p. 473), da área da enfermagem, afirmam:

Atualmente, entende-se por competência em educação a capacidade de mobilizar um conjunto de saberes para solucionar com eficácia uma série de situações. Integra vários saberes, habilidades, atitudes, posturas mentais, curiosidade, paixão, procura de significados, entre outros, que nascem tanto da formação como da experiência. [...]

Está sempre associada à capacidade de mobilização de recursos de que se dispõe para realizar aquilo que se deseja. [...]

O processo de aquisição de competências deve ter presente a capacidade do educando para enfrentar situações profissionais concretas, mobilizando recursos construídos formal e informalmente, o que implica um desenvolvimento autônomo, o assumir responsabilidades, postura, crítica e comportamento ético.

Marcos T. Masetto

NOSSA CONCEPÇÃO DE APRENDIZAGEM POR COMPETÊNCIA E FORMAÇÃO DO PROFISSIONAL NO ENSINO SUPERIOR

Analisando as considerações dos vários autores aqui estudados, representantes de diferentes áreas de conhecimento, e os pontos em que suas ideias coincidem, entendemos que há, de fato, uma concepção de educar por competência que pode oferecer alternativas ao ensino superior e à formação de profissionais para o século 21.

Nossa concepção de competência originou-se dos debates clássicos sobre o tema, de nossas convicções pessoais, pesquisas, atividades e propostas educacionais, e busca abrir caminhos para concretizar novos projetos na área da educação.

Estamos falando de uma definição teórica de competência – pois baseada nos autores indicados –, mas também de uma concepção operacional que nos permita aplicá-la em nossas atividades educativas a fim de contribuir significativamente para a formação do profissional nos cursos de graduação do ensino superior.

Sinteticamente, assumimos a concepção de aprendizagem por competência relacionada à formação de um profissional competente: aquele que, *diante da necessidade de intervenção em uma situação real e específica de sua área de trabalho, seja capaz de mobilizar de forma sinérgica, rápida e adequada uma série de recursos pessoais que lhe permitam resolvê-la com êxito.*

O processo de aprendizagem do profissional competente parte de uma *situação real ou simulada específica de sua área de atuação* que exige uma intervenção com *eficácia*.

> Aprender em uma situação real e específica de sua área de atuação é um dos pontos de partida para a formação deste profissional competente. [...] Uma formação que não se reduz à aprendizagem mecânica dos conteúdos, mas se estende a âmbitos que ultrapassam o acadêmico. O período de práticas é especialmente propício para abordar todo o espectro de conhecimentos e competências que pretende-

Trilhas abertas na universidade

mos que nossos estudantes alcancem [...] Aprender em contextos profissionais reais permite completar as aprendizagens disciplinares e enriquecê-las. (Zabalza, 2014, p. 94-98)

Estabelecemos uma relação direta entre uma atuação competente e sua *eficácia* – seja em emprego, cargo, função ou dever –, ultrapassando o exercício correto da tarefa com um desempenho crítico que envolve o que fazer, o saber fazer, o por que fazer, o como fazer e para quem fazer e executando a intervenção necessária a fim de resolver a situação.

Nesse ponto, vale a pena refletirmos sobre o significado de eficácia no agir competente: não se quer afirmar que necessariamente o agir com competência traga sempre a solução completa e total de um problema, mas que faz parte do agir com competência a mobilização de um processo avaliativo, integrado à própria intervenção, que permite identificar até onde se resolveu a situação e que outros aspectos ainda exigem mobilização de novos recursos – por vezes com a cooperação de outros profissionais, de outras pesquisas e/ou treinamentos – visando a uma solução completa.

Para agir com eficácia, o profissional competente deverá ser capaz de compreender o contexto, realizar diagnóstico e plano de intervenção e combinar de forma sinérgica uma série de recursos cognitivos, comportamentais e atitudinais:

- conhecimentos gerais e específicos, sejam profissionais, sociais e/ou culturais;
- recursos pessoais que lhe permitam compreender o contexto, identificar os antecedentes, fazer relação com sua experiência profissional e pessoal, realizar um diagnóstico, estabelecer necessidades e prioridades e elaborar o processo de intervenção;
- habilidades técnica e administrativa com relação a espaços, estruturas e serviços;
- capacidade de análise, comparação e síntese;
- ação em equipe interdisciplinar ou interprofissional;
- atitudes de relacionamento interpessoal, diálogo, comunicação, crítica, proatividade, iniciativa, prontidão;

- avaliação de experiências anteriores profissionais e pessoais, autocrítica, revisão da adequação de seus recursos internos e da necessidade de apropriar-se de novos, desenvolvendo-os se for necessário;
- identificar recursos existentes, selecionar os que são mais apropriados para aquela situação, combiná-los e integrá-los de forma sinérgica e ativá-los para a ação;
- Identificar recursos necessários mas inexistentes que devem ser trazidos para a ação;
- mobilizar e combinar, em tempo real e de modo pertinente, os recursos necessários para uma ação eficaz.

É fundamental que rememoremos aqui o pensamento de Perrenoud (2013, p. 50) anteriormente citado:

> A mobilização de recursos de uma forma sinérgica (no sentido etimológico do termo trabalhar em conjunto) é característica essencial para o sujeito competente. Se os recursos não cooperarem entre si, não se articularem e não se complementarem a ação não será eficaz.

CONSIDERAÇÕES FINAIS

Relembrando Sacristán (2011) e Zabalza (2014), entendemos que a concepção de competência que assumimos sob o enfoque do profissional competente abre a possibilidade de restruturar paradigmas curriculares no ensino superior. Por meio dela, será possível desenvolver a aprendizagem por competência e planejar processos para a formação do profissional competente com base em situações reais, em que o aluno tenha oportunidade de enfrentar problemas de seu campo de atuação.

No Capítulo 9 deste livro, apresentaremos um projeto que foi realizado para desenvolver a formação para a docência universitária por competências. Ali poderemos aprofundar algumas das ideias discutidas aqui.

A fim de esclarecer essa concepção teórica, Masetto e Gaeta (2016) conceberam uma figura-síntese da complexidade do processo de agir com competência, que embasa nosso conceito de profissional competente:

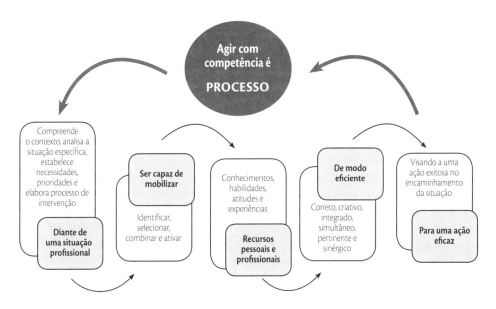

Referências bibliográficas

FERNANDES, M. A. M; DURÃO, J. B. F; FONSECA, A. M. L. P. da. "Educação em Enfermagem baseada em competências – Revisão da literatura". *Revista de Enfermagem da UFPE* [on-line], v. 5, n. 2 (esp.), mar.-abr. 2011.

FLEURY, M. T. "Construindo o conceito de competência". *Revista de Administração Contemporânea*, v. 5, n. esp., 2001.

LE BOTERF, G. *De la compétence – Essai sur un attracteur etrange*. Paris. Les Éditions d'Organisation, 1994.

MASETTO, M. T.; GAETA, C. "Currículo inovador: um caminho para os desafios do ensino superior". *Revista FORGES*, v. 4, n. 2, 2016.

PERRENOUD, P. *Desenvolver competências ou ensinar saberes? A escola que prepara para a vida*. Porto Alegre: Penso, 2013.

SACRISTÁN, J. G. *Educar por competências – O que há de novo?* Porto Alegre: Artmed, 2011.

Marcos T. Masetto

Santos, W. S. "Organização curricular baseada em competência na educação médica". *Revista Brasileira de Educação Médica*, v. 35, n. 1, 2011, p. 86-92.

Zabalza, M. A. *O estágio e as práticas em contextos profissionais na formação universitária*. São Paulo: Cortez, 2014.

Leitura complementar

Roldão, M. do C. "O lugar das competências no currículo – Ou o currículo enquanto lugar das competências?" *Educação Matemática e Pesquisa*, v. 11, n. 3, 2009.

PARTE II
FORMAÇÃO DOS PROFESSORES EM CURRÍCULOS INOVADORES

5 PROGRAMA DE FORMAÇÃO PEDAGÓGICA PARA DOCÊNCIA EM CURRÍCULOS INOVADORES

INTRODUÇÃO

As REFLEXÕES QUE compõem este capítulo surgiram de três situações que se integraram: a) dos estudos e pesquisas que fizemos sobre currículos inovadores e da participação de seus docentes; b) de nossa experiência profissional como formador de professores para uma docência com profissionalismo no ensino superior e como orientador de inúmeras pesquisas e projetos sobre formação de professores em cursos de pós-graduação, mestrado e doutorado; d) dos estudos e pesquisas sobre os grandes autores da área, confrontando-os com as experiências vividas.

A docência no ensino superior tem se revestido de características de tradição: o exemplo vem dos professores mais antigos; acredita-se que o grande papel do professor seja o de transmitir aos alunos conhecimentos e experiências pessoais e profissionais; os estudantes são avaliados pela reprodução dessas informações e por exercícios práticos em provas, cujos valores e notas indicarão sua aprovação ou reprovação.

Acrescente-se a esse quadro uma atitude de individualismo e isolacionismo no cumprimento do programa da disciplina que é confiada ao docente. Por último, contam, e muito, seus anos de experiência – ou "de janela", como se costuma dizer – no exercício da profissão, pois nunca lhe foi exigida formação pedagógica para tal.

Quando o professor depara com a necessidade de ensinar numa instituição de ensino superior que se propõe inovadora, alguns desafios se lhe apresentam:

* realizar a docência em equipe com um grupo de colegas;

Marcos T. Masetto

- ser corresponsável pela implantação de um currículo inovador, que substitui o convencional;
- lidar com atividades diferentes que transpõem as disciplinas costumeiras – elas próprias ressignificadas para seu papel de componente curricular, com conteúdos organizados por grandes temas, metodologias ativas que incentivam a participação dos alunos e um processo de avaliação que de fato acompanhe os alunos em sua formação;
- atuar como mediador pedagógico.

Diante de todas essas novidades, é comum que o professor se sinta deslocado e desprovido de uma formação pedagógica adequada para exercer a docência em outro patamar. E, para a IES que pretende inovar, surge também um grande desafio: o de abrir caminhos e propostas para que seus quadros possam desenvolver uma nova formação para a docência.

A participação em projetos inovadores não é fácil para a maioria dos docentes, e exige um cuidado especial para criar oportunidades para que estes possam vir a se encantar com o novo projeto, descobrir a importância e o enriquecimento do trabalho em equipe e o despertar do envolvimento e do compromisso dos alunos. Quando o professor consegue vivenciar todos esses processos, o exercício da docência no ensino superior se torna extremamente gratificante.

Temos consciência de que cada projeto inovador de currículo tem características próprias e almeja públicos e objetivos distintos. No entanto, a análise de vários desses programas contextualizados em seus projetos curriculares inovadores revelou algumas pistas comuns entre eles. Foi sobre essas pistas que construímos estas nossas reflexões.

FORMAÇÃO INICIAL

Fase marcada pelo processo de seleção dos professores que constituirão o corpo docente do projeto curricular inovador. A escolha desses professores costuma se fazer por dois caminhos: contrata-se um grupo inteiramente

Trilhas abertas na universidade

novo voltado para a realização do projeto que se pretende iniciar (o que, em geral, não é factível) ou se reúne um grupo de professores já presentes na instituição que se mostre com abertura e disponibilidade para construir um novo currículo. Eles podem ser diretamente convidados a participar ou se inscrever de forma voluntária.

Hernandes *et al.* (2000) alertam que, quando os participantes do grupo são nomeados de cima para baixo pela autoridade gestora, sem vinculação com o projeto nem interesse em participar dele, configura-se um grande entrave para a execução deste. Além disso, quando esse tipo de intervenção se dá durante a implantação de um projeto inovador, pode causar sua inviabilização.

O objetivo do programa de formação inicial dos docentes candidatos é realmente selecionar o grupo de professores. Assim, não é porque os docentes se apresentaram voluntariamente, foram indicados pelas respectivas chefias ou convidados pela direção – ou até porque estão disponíveis em determinado departamento – que integrarão o corpo docente do projeto. Todos os candidatos precisarão ser selecionados, ou seja, participar do processo de seleção e ser avaliados.

Com efeito, espera-se desse docente

> um envolvimento individual e coletivo com o novo processo pedagógico, com atitudes de abertura para a inovação, ousadia, coragem, compromisso, participação, disposição de modificar crenças, culturas, atitudes e ideias; disposição para o trabalho em equipe, de corresponsabilidade e de "pôr a mão na massa"; disposição para discussão, implantação e desenvolvimento do projeto. (Masetto, 2009, p. 51)

O programa de formação inicial desenvolve uma atividade de *sensibilização dos candidatos* para que estes se constituam como grupo, discutam em profundidade as necessidades que exigem um novo projeto, suas primeiras perspectivas, as condições de trabalho, as relações interpessoais, com a administração e com o projeto, os acordos e compromissos a ser assumidos e um primeiro planejamento de trabalho em conjunto.

Fazem parte do programa inicial de formação atividades com o grupo de docentes voltadas para seu desenvolvimento pessoal e profissional. Espera-se o desenvolvimento de determinadas atitudes, como veremos a seguir.

Atitudes diante do projeto

- Participação desde o início; experienciação do "sentimento de pertença ao grupo"; compromisso com o projeto.
- Atitude proativa; debate sobre o projeto, sua necessidade e urgência, problemas que pretende resolver, perguntas às quais virá a responder.
- Debate sobre os princípios orientadores do novo projeto: integração curricular de conhecimentos interdisciplinares; relação entre os participantes do projeto, de modo que as responsabilidades sejam compartilhadas no processo de aprendizagem.

Atitudes como membro do corpo docente

- Criar um clima de abertura para a inovação, de disposição de modificar crenças, culturas, atitudes, e de assumir um trabalho em equipe.
- Assumir o papel de mediador do processo de aprendizagem e de planejador de situações pedagógicas, junto com os alunos.
- Repensar o planejamento de objetivos de formação e a organização das disciplinas.
- Debater métodos para facilitar e intensificar a aprendizagem dos estudantes; discutir técnicas variadas – em ambientes presenciais, virtuais e profissionais – que dinamizem a ação pedagógica e permitam aos alunos desenvolver múltiplas facetas de aprendizagem.
- Planejar intersecções entre teoria e prática, vendo o saber e o saber-fazer como um conjunto de ações que resultem em aprendizagem.
- Ressignificar o processo e as técnicas de avaliação como acompanhamento do desenvolvimento profissional dos alunos.

Atitudes diante dos alunos

- Despertar, sensibilizar e direcionar os estudantes para a aprendizagem.
- Propiciar que estes assumam uma relação de parceria e corresponsabilidade com professores e colegas.
- Incentivar os alunos a tornar-se protagonistas de seu processo de formação, sempre buscando desenvolver a própria autonomia.

FORMAÇÃO CONTINUADA

Depois de formado e implantado o grupo participante do novo projeto, é o momento de discutir a formação continuada dos docentes durante a elaboração, implantação, avaliação e remodelação do currículo (Masetto, 2009).

O processo de construção de um currículo inovador não se encerra no momento em que formalmente este é redigido e documentado. Esse é um primeiro passo que vai exigir continuidade e colaboração de corpo docente, gestores, alunos, funcionários e instituições parceiras.

Sem dúvida, durante todo o tempo de desenvolvimento do projeto, os professores terão necessidade de trocar ideias, sugestões, experiências e vivências; rever e discutir suas práticas pedagógicas; refletir sobre sua ação educativa; aprofundar as relações interpessoais do grupo; debater problemas e questões que surgem no percurso. Além disso, terão de aprofundar questões teóricas, ampliando o contato com especialistas e consultores ou assessores externos.

Desse modo, numa perspectiva dialógica, a formação continuada não se faz mais com cursos e palestras que promovam o acúmulo de conhecimentos, mas por meio de "vivências educadoras [...] que permitam uma reconstrução da identidade pessoal e profissional dos sujeitos [...] através de reflexões coletivas" (Masetto, 2012, p. 33).

Nesse processo de formação continuada e em serviço, o professor tem a oportunidade de assumir novas posturas e um novo agir. Além disso, fóruns de debates e meta-avaliação do projeto são formalizados e socializados com a comunidade aprendente.

> Entendemos que são necessários um tempo e um espaço garantidos para que [...] novas posturas e um novo agir sejam construídos. E nesse tempo não se podem desconsiderar as histórias pessoais e profissionais desses professores, suas experiências, suas crenças, sua cultura, suas ideias e sua "sabedoria" construída. [...] numa linha de evolução e crescimento pessoal e profissional dos docentes. (Masetto, 2012, p. 34)

Quando se projeta um trabalho com características de inovação, faz-se necessário valorizar efetivamente o professor como um ser que tem saberes próprios, advindos de sua experiência. Deve-se levar em conta que ele é capaz de contribuir significativamente para as discussões acerca do seu trabalho e para a construção do novo ao expressar seus saberes e seu sentimento de pertença ao projeto, com vistas a assumir riscos diante das incertezas que envolvem o processo coletivo de ensinar e de aprender.

A formação continuada permitirá considerar tudo que se fez até então e, ao mesmo tempo, iniciar a abertura para um novo caminho a ser construído daí para a frente, numa linha de evolução e crescimento pessoal e profissional dos docentes.

Chamamos a atenção para a importância de se ter espaços e tempos definidos para essa formação, o que confere a essa atividade um caráter formal de relevância e, também, permite que os professores se preparem para ela. Tempos e espaços planejados podem ser os mais variados: ao início e ao final de cada semestre ou em outro período mais adequado ao projeto; em encontros semanais, mensais ou bimestrais, com assuntos diferenciados, preparando-se os professores para eles. Por vezes, acontecimentos inesperados podem originar um encontro extraordinário.

Investigações recentes sobre formação continuada de professores apontam a necessidade de compreender a prática pedagógica e a reflexão sobre ela como fonte de conhecimento – base epistemológica – para o desenvolvimento da docência num processo pedagógico. Valorizam-se vivências educadoras quando em reflexões coletivas ou oficinas pedagógicas, assim como se reconstroem a identidade pessoal e profissional dos sujeitos e suas práticas pedagógicas, com apoio e colaboração dos seus pares.

Há de se pensar com especial carinho na formação inicial e continuada dos integrantes do corpo docente, a fim de lhes propiciar compreensão, envolvimento e compromisso com o projeto, bem como acompanhamento para sua gradual integração às práticas pedagógicas. No entanto, há de se considerar também que o corpo docente de um projeto não é eterno nem perene: substituições e ampliações serão fenômenos constantes, o que implica a atenção constante para que todos os novos professores sempre sejam acolhidos com uma formação adequada para sua integração ao projeto. Há projetos que desmoronaram por completo quando não há esse cuidado com a formação de seus docentes.

CONSIDERAÇÕES FINAIS

A segunda parte deste livro está voltada para a reflexão sobre a formação de docentes que se engajam e se comprometem com projetos curriculares inovadores no ensino superior e sobre programas planejados para essa formação.

Como veremos nos próximos capítulos, os programas de formação para esses professores não apresentam um único modelo que possa ser reproduzido em quaisquer circunstâncias. Cada projeto inovador é específico de determinado contexto histórico-social de determinada instituição, responde a necessidades exclusivas e busca respostas para problemas bem configurados e contextualizados. Por isso mesmo, não se repetem, e cada um se apresenta com identidade própria. Cada projeto aponta para um programa específico de formação de seus docentes conforme as características destes.

No entanto, os princípios básicos para uma docência com profissionalismo no ensino superior estão presentes, enriquecidos com as especificidades que venham a se integrar em razão da identidade própria do projeto.

Os princípios básicos refletidos neste capítulo foram identificados nos vários projetos inovadores nacionais e internacionais que pesquisamos.

Nas páginas a seguir, o panorama é outro: analisar o papel dos docentes em seus respectivos projetos inovadores e refletir sobre o processo de formação próprio que viveram nesses mesmos projetos.

Referências bibliográficas

HERNANDEZ, F. *et al. Aprendendo com as inovações nas escolas.* Porto Alegre: Artmed, 2000.

MASETTO, M. T. "Inovação educacional e formação de professores". *Revista de Educação Anec*, ano 38, v. 151, jul.-dez. 2009.

_____. "Inovação curricular no ensino superior: organização, gestão e formação de professores". In: MASETTO, M. T. (org.). *Inovação no ensino superior.* São Paulo: Loyola, 2012.

Leitura complementar

ALMEIDA, M. I. de. *Formação do professor do ensino superior: desafios e políticas institucionais.* São Paulo: Cortez, 2012.

BAIN, K. *Lo que hacen los mejores profesores universitarios.* Valência: Ed. da Universitat de València, 2004.

CANÁRIO, R. *A escola tem futuro? Das promessas às incertezas.* Porto Alegre: Artmed, 2006.

CARBONELL, J. *A aventura de inovar.* Porto Alegre: Artmed, 2002.

CUNHA, M. I. da. (org.). *Trajetórias e lugares de formação de docência universitária: da perspectiva individual ao espaço institucional.* Araraquara: Junqueira & Marin, 2010.

CUNHA, M. I. da; SOARES, S. R.; RIBEIRO, M. L. (orgs.). *Docência universitária: profissionalização e práticas educativas.* Feira de Santana: Ed. da UEFS, 2009.

GAETA, C.; MASETTO M. T. *O professor iniciante no ensino superior: aprender, atuar e inovar.* São Paulo: Senac, 2013.

HARGREAVES, A. *O ensino na sociedade do conhecimento.* Porto Alegre: Artmed, 2004.

Trilhas abertas na universidade

MASETTO M. T. "Formação continuada de docentes do ensino superior numa sociedade do conhecimento". In: CUNHA, M. I. da; SOARES, S. R.; RIBEIRO, M. L. (orgs.). *Docência universitária: profissionalização e práticas educativas*. Feira de Santana: Ed. da UEFS, 2009.

_____. *O professor na hora da verdade – A prática docente no ensino superior*. São Paulo: Avercamp, 2010.

_____. *Competência pedagógica do professor universitário*. 3. ed. São Paulo: Summus, 2012.

_____. *Desafios para a docência universitária na contemporaneidade: professor-aluno em interação adulta*. São Paulo: Avercamp, 2015.

MORAN, J. M; MASETTO, M. T.; BEHRENS, M. *Novas tecnologias e mediação pedagógica*. 21. ed. Campinas: Papirus, 2014.

PERRENOUD, D. *et al*. *As competências para ensinar no século XXI*. Porto Alegre: Artmed, 2002.

PIMENTA, S. G.; ALMEIDA, M. I. de. *Pedagogia universitária – Caminhos para a formação de professores*. São Paulo: Cortez, 2011.

PIMENTA, S. G.; ANASTASIOU, L. *Docência no ensino superior*. São Paulo: Cortez, 2002.

VEIGA, I. P.; VIANA, C. M. Q. *Docentes para a educação superior: processos formativos*. Campinas: Papirus, 2010.

ZABALZA, M. A. *O ensino universitário, seu cenário e seus protagonistas*. Porto Alegre: Artmed, 2004.

_____. *Competencias docentes del profesorado universitario – Calidad y desarrollo profesional*. Madri: Narcea, 2006.

6 FORMAÇÃO DOS DOCENTES DE UM CURRÍCULO INOVADOR DE DIREITO[1]

INTRODUÇÃO

No CAPÍTULO ANTERIOR, dialogamos sobre as grandes linhas de um programa de formação inicial e continuada para a formação de professores que se integram a projetos curriculares inovadores no ensino superior. Justamente porque inovadores, tais projetos precisam contar com uma atuação dos docentes que os torne aptos a colaborar efetivamente para sua realização – lembrando sempre que os programas devem ser moldados de acordo com cada instituição de ensino superior.

Neste capítulo, selecionamos o curso de Direito de uma IES da cidade de São Paulo que, ao planejar e implantar um currículo inovador, dedicou-se a organizar um programa próprio de formação para seus docentes.

Inicialmente, apresentaremos uma síntese do currículo para compreendermos suas especificidades e inovações; em seguida, analisaremos o programa de formação de docentes para que participassem desse projeto.

CURRÍCULO DO CURSO DE DIREITO

Os cursos de Direito no Brasil, em geral, têm um perfil bastante homogêneo com relação à sua estrutura. No dizer de Ghirardi (2007, p. 4), caracterizam-se por uma "perspectiva enciclopedista do ensino jurídico, entendendo-se pelo termo uma concepção que privilegia a acumulação mnemônica de supostos conteúdos e teorias, tidos como indispensáveis à formação do futuro bacharel".

Trilhas abertas na universidade

O currículo é composto de uma ampla oferta de disciplinas dogmáticas, com a exposição das grandes leis uma a uma; assim, o esgotamento do conteúdo programático parece mais importante que sua compreensão e crítica.

Com a cristalização desse modelo, baseado na adoção de currículos e de metodologias pedagógicas tradicionais, poucas mudanças ocorreram na evolução histórica dos cursos de Direito.

Ghirardi (2010, p. 3) entende que

> uma das principais funções dos cursos jurídicos é a de formar a representação que os alunos farão do direito e do lugar que ele ocupa na vida social e política do país. A seleção de temas que o espaço universitário opera (o que ensinar?), a ordem de apresentação que propõe (quando ensinar?), a relevância relativa que estabelece entre áreas (quanto e com que profundidade ensinar diferentes temas?) e a forma de aferir a efetividade da formação (como avaliar?) articulam-se para formar um quadro que evidencia a noção de direito que se abraça em cada instituição. Essa noção fundamental inscrita na estrutura profunda dos cursos e determinando cada aspecto de sua lógica de desenvolvimento será decisiva para estabelecer a matriz a partir da qual os estudantes pensarão o direito e articularão sua prática profissional.

Diante de um contexto de economia globalizada, mudanças no pensamento econômico, na administração pública e privada, na política e na forma de organização da sociedade, a universidade em foco decidiu criar um curso de Direito diferente dos tradicionais. Para tanto, realizou no ano de 2001, em São Paulo e no Rio de Janeiro, uma pesquisa de campo para subsidiar a construção desse currículo.

O diagnóstico inicial instigou os precursores do novo projeto a fugir de "tímidas inovações pelo mero acréscimo de disciplinas mais 'modernas' e eliminação das 'superadas', e buscar inovações curriculares mais ousadas", estimulados "pelas novas diretrizes curriculares do curso de Direito, formuladas a partir da Portaria n. 1886/94 do Ministério da Educação e do Desporto, que inspiravam tais inovações curriculares" (Sundfeld *et al.*, 2007, p. 7).

Estabeleceu-se como meta a criação de um curso de graduação que contasse com um ambiente educacional inovador, em uma faculdade que pudesse atender às novas demandas do ambiente empresarial e formar profissionais para a área acadêmica e formuladores de políticas públicas, todos marcados pelas características do novo perfil profissional buscado:

i) alto grau de sinergia e cooperação entre cursos de Direito, Economia e Administração; ii) forte interdisciplinaridade; iii) estudo intensivo e com dedicação exclusiva dos alunos; iv) estímulo à pesquisa na área jurídica; v) ênfase na formação das capacidades básicas associadas ao aprofundamento seletivo de alguns temas; vi) integração entre graduação e pós-graduação; vii) estímulo a intercâmbios nacionais e internacionais; viii) estímulo à utilização de novas tecnologias e técnicas de ensino e didática; ix) estímulo à pesquisa e à reflexão acerca de modelos institucionais e jurídicos sobre um projeto nacional; x) flexibilidade e liberdade na montagem da grade curricular por parte dos alunos, de modo a estimular a identificação das reais vocações e interesses destes. (PDI 2007-2011, p. 17)

As principais mudanças no novo currículo envolviam inicialmente não apenas os conteúdos, mas também o redesenho das prioridades; a reorganização de títulos; a introdução de disciplinas correlatas ao Direito e as novas metodologias que davam ao magistério possibilidade de maior convivência com o saber e maior interação com o corpo discente. "Cada ano do curso foi pensado em conjunto, como um ciclo integrado e orgânico na formação do aluno. As preocupações temáticas de cada disciplina são concebidas ano a ano como peças que se encaixam nas outras do mesmo ciclo" (Sundfeld *et al.*, 2007, p. 13).

A organização curricular do curso foi estruturada da seguinte forma:

- primeiro ciclo (período integral) – A organização do mundo e do Direito;
- segundo ciclo (período integral) – As grandes leis;
- terceiro ciclo (período integral) – Análises avançadas;
- quarto ciclo (carga horária variável) – Especialização.

Trilhas abertas na universidade

Os ciclos diferem entre si pelo grau de aprofundamento com que abordam um conjunto selecionado de problemas que podem se repetir em ciclos posteriores, mas sempre com outra abordagem e outro tratamento. Abandona-se a preocupação com uma sequência enciclopédica de temas, privilegiando-se no entanto alguns conteúdos que serão revisitados com graus progressivos de detalhamento e problematização (Sundfeld, *et al.*, 2007).

Os objetivos foram mais ousados e ambiciosos do que cobrir o ordenamento positivo brasileiro de conteúdos: visavam levar o estudante à autonomia na formulação de soluções com responsabilidade pelo rigor de seus argumentos jurídicos.

A reformulação proposta buscou despertar no aluno maior curiosidade intelectual, maior capacidade crítica de análise e maior liberdade na sua proposta de formação acadêmica e profissional, com um instrumental analítico que o capacitasse a enfrentar problemas jurídicos.

> Por isso, o curso de Direito propõe uma premissa diferente, que redefine a relação entre aluno, professor e seus respectivos papéis no processo de aprendizagem. Supõe-se que o aluno, de seu lado, não aprende por processo passivo de recepção e memorização de informações, estocando-as em seu depósito mental. Os saltos em sua formação, nesse sentido, ocorrem por impulsos pessoais na busca de seus próprios fundamentos para compreender o objeto de estudo. Cabe ao professor, nessa relação, estimular e alimentar esses impulsos. (PDI, 2007--2011, p. 22)

Um curso de Direito que pretende inovar em relação ao ensino jurídico propôs-se a redefinir a relação entre aluno, professor e seus respectivos papéis no processo de aprendizagem. Colocou em extrema evidência o aspecto fundamental de um currículo inovador: o de assumir e explicitar os princípios de aprendizagem, destacando seus protagonistas e novos processos de relação entre eles. Assim, foram estimulados: a relação de parceria e corresponsabilidade entre professor e aluno, para que este busque os próprios fundamentos para compreender o objeto de estudo e da sua for-

Marcos T. Masetto

mação; proatividade do aluno e mediação pedagógica do professor, encaminhando os estudantes para conteúdos alternativos aos existentes e novas opções metodológicas.

FORMAÇÃO DOS DOCENTES PARA O CURSO

O novo projeto concebe um professor que assume uma postura profissional diferenciada e expandida, extrapolando a visão de um docente do ensino jurídico tradicional, de tal forma que se possa perseguir novas metas de aprendizagem agora previstas e que começam a repercutir na vida dos estudantes, como nos assegura Masetto (2010, p. 38):

> Quando os alunos percebem que as aulas lhes permitem estudar, discutir e encontrar pistas e/ou encaminhamentos para problemas e questões que existem na sua vida real e na vida dos demais homens que constituem seu grupo social, quando eles encontram nos seus estudos a realidade e sentem que podem sair da sala de aula e voltar àquela mesma realidade com "mãos cheias" de dados novos, contribuições significativas para os problemas que são vividos "fora das paredes da sala de aula", este espaço começa a ser um espaço de vida e, por isso mesmo, assume um interesse peculiar para o grupo.

Os gestores da universidade planejaram um programa de formação para os docentes desse novo currículo, o qual abarcou três etapas, como veremos a seguir.

Processo de seleção dos professores

Iniciou-se um processo de busca e seleção de pesquisadores para definição do currículo e elaboração de material didático adequado às características inovadoras do projeto, como alternativa aos manuais tradicionais de ensino do Direito.

O processo de seleção priorizou a contratação de docentes levando

Trilhas abertas na universidade

em conta a formação, produção e titulação acadêmicas, além de prática docente prévia. Selecionaram-se professores doutores, com capacidade de diálogo interdisciplinar e com abertura para inovações metodológicas no processo de ensino-aprendizagem:

> A excelência em todas as ações buscada pelo curso exige um corpo docente composto basicamente por doutores dedicados exclusiva e integralmente ao curso, com pesquisa acadêmica consolidada, escolados em metodologias alternativas de ensino, academicamente compromissados e com experiência internacional. (PDI, 2007-2011, p. 104)

O processo seletivo buscou a contratação de jovens doutores que ainda não estivessem engessados em um modo de pensar e agir tradicionalista, autoritário, transmissivo, e que demonstrassem capacidade de se unir a um grupo de docentes experientes, mas que já se sentiam desconfortáveis e incomodados com o modelo de ensino hegemônico nas escolas de Direito do país e estavam dispostos a estudar, refletir e reconstruir caminhos para o ensinar e o aprender.

O coordenador pedagógico do curso comenta em entrevista essas mudanças significativas:

> Aulas mais participativas foi algo muito importante desde o início. Houve mudança no currículo, mudança no tamanho de turmas, mudança nas disciplinas, e teve um grupo de professores que primeiro pensou o projeto, cinco ou seis professores fundadores ou algo assim, e tinham já uma visão muito clara do que eles queriam. O grupo de professores fundadores foi importante para dar o tom do que se queria fazer do projeto geral e algumas definições do processo. Aí foram chamados e convocados pesquisadores, jovens doutores, alguns mestres para a preparação do material didático. O que aconteceu é que alguns desses pesquisadores foram selecionados para se tornar docentes. Então houve de início dois grupos claros: o grupo de professores mais rodados, mais experientes – e justamente pela experiência que tinham, pela leitura clara que faziam de que o modelo anterior estava muito ineficiente pra cumprir o que considerávamos importante, eles deram um tom geral no projeto; e

o grupo de jovens mestrandos e jovens doutores que compreenderam essa visão e ficaram cerca de um ano e meio, dois anos preparando materiais. Esse foi o corpo docente que iniciou o curso. (Entrevista concedida em 3 de dezembro de 2010)

Continuando nosso diálogo com o coordenador pedagógico do curso, este foi muito claro conosco: o processo de seleção deve permitir que se escolham professores que acreditem que "só se pode ensinar de maneira nova se pensarmos de maneira nova":

> Queremos professores que em primeiro lugar sejam inovadores no modo de pensar o Direito e o ensino de Direito para que então as suas práticas pedagógicas sejam diferentes e coerentes com estes pressupostos inovadores. As aulas com os alunos protagonistas têm de ser as melhores, porém depende do professor. O curso optou por um professor com uma visão original, criativa, produtiva do Direito, e decidiu ajudar a formar a sua resposta a essas provocações metodológicas. Universidade não pode ser ordem unida. A grande força da universidade é a diferença. Conforme se exerce a função de educador, surgem mais dúvidas. Quando elas acabam, é sinal de que algo está errado, pois a vida é um aprendizado. (Entrevista concedida em 13 de abril de 2011)

Formação inicial

Para os gestores da instituição de ensino superior, a definição de novas metodologias de ensino tornou-se uma das preocupações fundamentais e houve um esforço intencional para estimular a reflexão e a troca de experiências sobre a metodologia de ensino do Direito.

O período dessa formação inicial se estendeu por 33 reuniões de trabalho com 45 participantes de perfis distintos, o que significa que houve três anos de estudo e preparo intenso do grupo antes do início da proposta.

Formaram-se três grupos de trabalho. Um deles ficou responsável pelo material didático, que trabalhou com as seguintes metas: discutir a respeito de metodologias ativas e seu papel na formação de alunos mais autônomos, criativos e participativos; repensar materiais didáticos a fim de

Trilhas abertas na universidade

subsidiar o trabalho docente em uma nova concepção de ensino e aprendizagem; discutir e demonstrar técnicas interativas de ensino, criar novas técnicas de ensino jurídico; produzir casos e outros materiais para aulas inovadoras trocando ideias e experiências em metodologia de ensino.

Elaborou-se material didático adequado às características inovadoras do projeto, adaptado para cada disciplina do primeiro ano (primeiro ciclo) do currículo, como alternativa aos manuais tradicionais de ensino do Direito. Buscou-se ainda utilizar novos métodos e conteúdos alternativos aos já existentes. Além disso, novas opções metodológicas infundiram uma concepção diferente do ensino jurídico.

Entre os métodos usados nesse curso de Direito, vamos destacar dois exemplos: a clínica de Direito e o diálogo socrático.

Estes métodos, descritos por professores do curso, mereceram uma publicação de Ghirardi (2009) que se apresenta como ensaio aberto a críticas e discussões mais do que como um manual prescritivo de didática jurídica. A obra é fruto da emergente discussão sobre as transformações no espaço da formação em Direito e a necessidade de aperfeiçoamento do ensino jurídico.

A clínica de Direito (Scabin e Acca, 2009) consiste na proposta de solução de um conflito jurídico real com base nas representações de clientes sob a supervisão de um professor. Os alunos lidam com casos reais para os quais ainda não há solução – ou, se esta existe, não é satisfatória do ponto de vista jurídico. Alie-se ao fato de ser uma situação real a presença de um cliente com interesses, reflexões, sentimentos e valores. O professor age no sentido de analisar criticamente o desempenho do aluno e conduzir as reflexões sobre o fenômeno jurídico. Ele não dá as respostas certas nem assume responsabilidades pelos alunos, mas os ajuda a aprender com a experiência e seus erros e acertos, tentando construir com eles as explicações e a busca de solução. Nessa escolha, o aluno se dá conta de que a solução gera consequências positivas ou negativas para pessoas físicas ou jurídicas.

Além de desenvolver métodos de análise para enfrentar situações não estruturadas, o aluno adquire várias habilidades de um advogado, como

Marcos T. Masetto

trabalhar com a ética da profissão e manter responsabilidade ética perante os clientes. Aprende também que uma série de outros fatores (emoções, pré-julgamentos etc.) pode influenciar as decisões de um juiz e que uma boa orientação jurídica depende de sua relação com o cliente, tendo em vista que os jurados não condenam nem absolvem apenas baseados em fatores racionais.

As clínicas introduzem o elemento humano no estudo e na prática do Direito, bem como as lições de advocacia que não estão escritas, colaborando para a formação de advogados reflexivos com o aprendizado pela experiência.

Já o diálogo socrático (Carvalho, 2009) é um mecanismo retórico que busca identificar no curso de um diálogo a verdade presente nos argumentos e contra-argumentos dos sujeitos envolvidos. Como método de ensino, utiliza a interação dialogada entre dois ou mais sujeitos para estimular a compreensão ou a reflexão sobre um tema:

> [...] esse método se inspira na estratégia pedagógica adotada por Sócrates, filósofo grego do século V a.C. A tradição sugere que Sócrates respondia às indagações de seus discípulos não com explicações definitivas, mas com novas perguntas. Essa estratégia acarretava uma série de consequências relevantes. Uma dessas consequências – amiúde esquecida quando se discute este método de ensino – é a de que ela exigia do discípulo uma postura ativa em sua busca pelo saber, pela verdade. Implícita nas intermináveis provocações do diálogo socrático está a crença de que não é possível que alguém aprenda por nós, assim como não é possível que alguém pense por nós. (Ghirardi, 2012, p. 54)

O que distingue o diálogo socrático? Conversação como núcleo central da atividade pedagógica, participação inquisitiva, inexistência de um objetivo definido, construção coletiva do conhecimento, estímulo ao desenvolvimento da capacidade reflexiva dos participantes, responsabilidade do discente pela aquisição de certas habilidades e organização das informações. A técnica pode ser iniciada, por exemplo, com a apresentação, por parte do docente, da refutação lógica de uma ideia apresentada como cer-

Trilhas abertas na universidade

teza e que não está totalmente sedimentada. Ou, então, demonstrar que respostas dadas a determinados casos é falsa ou está permeada de equívocos que acabam por invalidá-la.

Trata-se de um método muito apropriado para que os alunos tenham a oportunidade de manifestar e questionar suas "crenças" e "valores" diante dos valores do mundo e da sociedade atual, da profissão de advogado, de decisões futuras que afetarão pessoas, grupos e comunidades.

O papel do professor é o de participante de um diálogo; ele evita se colocar como opositor a cada argumento de seus alunos e não tem o papel de dizer o que é certo e o que é errado. Por meio de perguntas desafiadoras, incentiva os alunos a levar adiante a discussão aceitando ideias inovadoras; e, quando intervém, o faz de forma breve e curta. Esse comportamento permite a construção coletiva das sínteses alcançadas.

O diálogo socrático ajuda o aluno a desenvolver a interpretação e a aplicação do Direito; amplia sua atuação técnico-jurídica em diferentes instâncias; incentiva a correta utilização da terminologia jurídica, do raciocínio jurídico, da argumentação, da persuasão, da reflexão crítica, do julgamento e da tomada de decisões; estimula a reflexão e a construção do conhecimento evidenciando o protagonismo discente.

O ensino participativo questiona o senso comum. O estudante do ensino superior muitas vezes espera um caminho mais fácil: vem para a faculdade, anota tudo, decora e faz prova. O ensino participativo conduz muitas vezes a novas perguntas e intensa busca do conhecimento, muito mais que a respostas prontas.

No período da formação inicial, outros dois grupos de docentes deram atenção especial à questão conceitual e à prática da avaliação da aprendizagem para cada método de ensino (Rocha, 2007). O enfoque do processo avaliativo relacionado com a concepção da educação jurídica pretendida levou à "recusa em adotar métodos avaliativos centrados na devolução pura e simples de conteúdos aprendidos, realizados em momentos específicos e por meio de instrumentos muitas vezes pouco talhados à promoção do pensamento crítico" (Ghirardi, 2007, p. 4).

Marcos T. Masetto

Formação continuada

O planejamento da formação continuada dos professores envolveu a promoção regular de programas como cursos, *workshops* nacionais, reuniões e seminários internacionais de formação. Contou também com discussões prévias a respeito de metodologias ativas e seu papel na formação de alunos mais autônomos, criativos e participativos. Materiais didáticos eram repensados a fim de subsidiar o trabalho docente em uma nova concepção de ensino e aprendizagem.

Mesmo com um processo de seleção docente que culminou num compromisso assumido pelos professores com o novo modelo curricular e sua implantação, e um programa extenso de formação inicial, a realização de um novo projeto curricular exige um programa de formação pedagógica continuada que seja institucionalmente estabelecido.

Não se trata de uma opção ou escolha do docente de continuar seus estudos e discussões sobre conceitos, políticas, competências e ferramentas envolvidas em cada aula, no percurso de cada semestre. A formação continuada deve ser uma ação intencional, curricularmente instituída e seguida pelos docentes e gestores, constituindo-se um grupo com protagonismo coletivo.

Ao debater questões relacionadas à inovação educativa e à profissão docente, Imbernón (2010) destaca que a inovação perde boa porcentagem de inserção e melhoria quando se produz isoladamente e se converte em simples experiência pessoal. O autor acredita na possibilidade de um protagonismo coletivo e, portanto, institucional, implicando uma nova concepção da instituição e da formação, imersa em processos de pesquisa e reflexão que sejam capazes de modificar contextos institucionais, sociais, profissionais e educativos.

O curso de Direito optou pela *introdução de um coordenador de metodologia*, que tinha a função de acompanhar, subsidiar e auxiliar os processos de formação e de avaliação dos professores novos e veteranos, promovendo ações de formação contínua no ambiente educacional.

Tornou-se, por exemplo, uma atividade de formação, desde o início da nova proposta, o docente realizar uma *defesa pública de seu plano de en-*

Trilhas abertas na universidade

sino *com metodologias ativas* diante dos colegas, que participam com críticas e sugestões. Essa atividade destaca, no dizer de Imbernón (2010, p. 21), que o docente "não deveria ser um técnico que desenvolve e implementa inovações prescritas, mas deveria converter-se em um profissional que deve participar ativa e criticamente no verdadeiro processo de inovação e mudança".

Reuniões de formação se realizaram semanalmente, durante o período da tarde, integradas ao contrato de trabalho dos professores. Durante esse período semanal de formação, a distribuição das atividades curriculares dos alunos previa atividades individuais ou em pequenos grupos anteriormente planejadas.

Em cada semana do mês essas reuniões, chamadas de workshops, tinham objetivos diferentes: estudo de questões metodológicas, desenvolvimento de pesquisas dos docentes, conselho de graduação para atender a necessidades e questões mais específicas dos estudantes e avaliação de como os alunos vinham compreendendo o novo projeto curricular. Discutia-se também como os estudantes estavam se envolvendo e comprometendo com ele, o grau de participação ou desinteresse observado etc.

Os *seminários*, semestrais ou anuais, são momentos maiores de formação continuada e tempos de reflexão dos docentes com especialistas ou assessores externos à instituição, conforme as necessidades. Trata-se de um momento de discussão com especialistas de outros lugares que também vivem, refletem e pesquisam os dilemas da inovação curricular e os métodos ativos de aprendizagem.

A instituição buscou providenciar o apoio necessário ao bom andamento do projeto inovador por meio de salários compatíveis com a dedicação docente exigida, recursos físicos e materiais no espaço de trabalho, intercâmbios de estudo e acompanhamento próximo do coordenador de metodologia ao docente.

O coordenador pedagógico *inicia um contato pessoal*, pontual com cada professor, a fim de abrir um diálogo espontâneo com o docente em um primeiro momento. *Na sequência as conversas*, inicialmente informais, *se organizam com diálogos mais regulares, que acompanham o docente,*

Marcos T. Masetto

apoiando-o em sua atuação educativa. Não se espera dele apenas uma mudança didática superficial, mas que suas concepções sejam repensadas e restruturadas na direção de um novo contrato pedagógico e de ensino.

A formação continuada procura superar um desafio que se encontra com muita frequência na implantação da uma proposta inovadora: é a *resistência dos docentes* a se dedicar a um projeto de ensino com o mesmo empenho com que se envolvem com seus projetos de pesquisa e suas produções científicas.

> O ensino é tão complexo quanto a pesquisa [...] No Brasil, o ensino ainda é considerado de forma secundária, inclusive pelas avaliações externas. A maioria dos incentivos de agências de fomento são [sic] para pesquisar e publicar. Infelizmente, muitos professores titulares não dão aula. Acredito que a sala de aula faz intelectuais melhores. Há a necessidade de medidas institucionais para não depreciar o ensino. (Entrevista com o coordenador pedagógico concedida em 3 de dezembro de 2010)

E é nessa direção que Maria Isabel Cunha (2010) se pronuncia ao denunciar o equívoco de assumir que os saberes da pesquisa é que constituem a única base da profissão do professor universitário. Concorda com isso Ghirardi (2009, p. v), argumentando que:

> [...] a complexidade de reflexão de que se reveste a docência, embora de natureza diversa, não é secundária àquela que tradicionalmente se atribui à pesquisa. Antes, é da percepção da indeterminação intrínseca ao jurídico segundo um e outro olhar – o da docência e o da pesquisa – bem como do processo de mútuo esclarecimento que encenam, que emerge a consciência de que não é possível divorciar-se a reflexão pedagógica da investigação científica.

Ao apresentar o livro *Construção de um sonho* – que narra a história da criação desse curso de Direito e de um novo tipo de docência, inovadora pela forma e pelo conteúdo, transformando o aluno em protagonista e ampliando sua compreensão do mundo para além do simples ouvir e fazer exames –, Antônio Angarita (2010, p. 16-18) comenta:

Trilhas abertas na universidade

As críticas às grandes aulas expositivas (longas e eloquentes) não podem ser apenas um mal-estar "moderno" ou uma tola idiossincrasia. Essas críticas devem levar professores e escolas a sair da mera impugnação para novos exercícios [...] O que precedeu a tudo, no marco da criação da escola propriamente dita, foi reunir pessoas interessadas não somente em fazer a crítica do *status quo*, mas em pensar com liberdade novos padrões para o ensino do Direito.

CONSIDERAÇÕES FINAIS

Ao encerrar este capítulo, entendemos ser interessante deixar registrados os aspectos que se destacaram nesse programa de formação inicial e continuada dos docentes que integram o currículo inovador deste curso de Direito em sua concepção, implantação, avaliação contínua e desenvolvimento por mais de uma dezena de anos.

1   Processo de seleção dos docentes em função do projeto pedagógico que se pretendia construir, para que participassem de sua elaboração e posterior execução.

2   Estabelecimento de tempos e espaços para a formação desses professores, para que assumissem o projeto e seu compromisso com ele.

3   Tempo e espaço para uma formação inicial e depois continuada durante a implantação do novo curso, com reuniões semanais e semestrais.

4   Desenvolvimento de uma ação docente coletiva e em equipe para desenvolvimento da pesquisa e da ação pedagógica em aula.

5   Atendimento dos – e diálogo com – professores, individual e coletivamente, para intercâmbio das "culturas pedagógicas", construindo uma nova cultura à luz do novo projeto.

6   Acompanhamento pessoal e de pequenos grupos de docentes em sua ação cotidiana como professores, oferecendo apoio, ideias, sugestões e recursos para que o professor compreenda o aluno como o centro desse novo processo de formação profissional.

7   Tendo estabelecido como alguns dos pilares desse currículo as inovações metodológicas voltadas para a aprendizagem e a formação dos

alunos, criaram-se condições, apoio e formação necessários para que os docentes desenvolvessem uma nova postura no campo pedagógico e inovassem ao criar uma coordenadoria pedagógica como base e orientação para toda essa formação dos docentes.

Nota

1. Esse tema foi abordado por Masetto e Zukowsky-Tavares (2015).

Referências bibliográficas

ANGARITA, A. (org.). *Construção de um sonho – Inovação, métodos, pesquisa e docência*. São Paulo: Ed. da FGV, 2010.

CARVALHO, L. A. "Diálogo socrático". In: GHIRARDI, J. G. (org.). *Métodos de ensino em Direito – Conceitos para um debate*. São Paulo: Saraiva, 2009.

CUNHA, M. I. "Impasses contemporâneos para a pedagogia universitária no Brasil". In: LEITE, C. (org.). *Sentidos da pedagogia no ensino superior*. Porto: CIIE/Livpsic, 2010.

GHIRARDI, J. G. "Avaliação do aluno no ensino participativo". *Boletim Educação Jurídica*, v. 1, n. 1, 2007.

_____. "Avaliação e métodos de ensino em Direito". *Cadernos Direito GV*, v. 7, n. 5, 2010.

_____. *O instante do encontro*. São Paulo: Ed. da FGV, 2012.

GHIRARDI, J. G. (org.). *Métodos de ensino em Direito – Conceitos para um debate*. São Paulo: Saraiva, 2009.

IMBERNÓN, F. *Formação docente e profissional – Formar-se para a mudança e a incerteza*. São Paulo: Cortez, 2010.

MASETTO, M. T. *O professor na hora da verdade – A prática docente no ensino superior*. São Paulo: Avercamp, 2010.

MASETTO, M. T.; ZUKOWSKY-TAVARES, C. "Formação de professores para currículos inovadores no ensino superior: um estudo num curso de Direito". *e-Curriculum*, v. 13, n. 1 jan.-mar. 2015, p. 5-27.

PLANO DE DESENVOLVIMENTO INSTITUCIONAL (PDI), Escola de Direito da instituição pesquisada, 2007-2011.

ROCHA, J. P. V. da. "Relatório da primeira fase do Projeto Material Didático". *Cadernos Direito GV*, n. 18, 2007, p. 39-63.

SCABIN, F.; ACCA, T. "Clínica de Direito". In: GHIRARDI, J. G. (org.). *Métodos de ensino em Direito – Conceitos para um debate*. São Paulo: Saraiva, 2009.

SUNDFELD, C. A. *et al*. "Princípios gerais da proposta do curso de Direito FGV-Edesp". *Cadernos Direito GV*, n. 18, 2007, p. 7-23.

Leitura complementar

GHIRARDI, J. G.; VANZELLA, R. D. F. (orgs.). *Ensino jurídico participativo: construção de programas, experiências didáticas*. São Paulo: Saraiva, 2009.

IMBERNÓN, F. *La formación y el desarrollo profesional del profesorado*. Barcelona: Graó, 1998.

MASETTO, M. T. "Inovação na educação superior". *Interface – Comunicação, Saúde e Educação*, v. 8, n. 14, set. 2003-fev. 2004.

_____. "Inovação educacional e formação de professor". *Revista de Educação ANEC*, n. 151, ano 38, jul.-dez. 2009.

MASETTO, M. T. (org.). *Inovação no ensino superior*. São Paulo: Loyola, 2012.

MENDES, C. H. "A Escola de Direito da Fundação Getúlio Vargas". *Cadernos Direito GV*, Seminários, n. 18, 2007, p. 65-92.

7 FORMAÇÃO DE PROFESSORES PARA QUE ATUASSEM EM MUDANÇAS PARCIAIS NUM CURSO CONVENCIONAL DE DIREITO

INTRODUÇÃO

No percurso de investigação sobre currículos inovadores no ensino superior, é muito comum encontrarmos resistência por parte de IES e de seu corpo docente diante da complexidade e da grandeza do desafio, da quantidade de trabalhos e da ousadia que a construção de um currículo inovador exige.

De outro lado, encontramos com maior facilidade grupos de professores que se interessam por fazer mudanças radicais em seu trabalho docente, buscando com seriedade para seus alunos uma formação profissional mais condizente com as necessidades e urgências do mundo atual.

Tal disposição os coloca em trilhas de mudanças inovadoras em algumas partes do currículo que estão diretamente vinculadas à sua ação docente.

Analisaremos neste capítulo uma dessas iniciativas, realizada no curso de Direito de uma IES de São Paulo com currículo convencional. A pesquisa, realizada por Wild (2012), mostra que, simultaneamente à implantação de algumas mudanças inovadoras, criou-se um programa de formação de professores em serviço para que tivessem condições de realizá-las.

Para compreendermos como se deu esse processo de formação, dividimos este capítulo em duas partes: na primeira delas, falaremos de como criar inovações no ensino superior trabalhando com partes de um currículo; na segunda, refletiremos sobre como se deu a formação em serviço dos professores interessados para que a proposta de inovação se implantasse com êxito.

As informações com as quais trabalharemos aqui são oriundas da tese supracitada de Wild (2012), a qual foi orientada por mim.

INOVAÇÕES REALIZADAS EM PARTE DE UM CURRÍCULO DE GRADUAÇÃO EM DIREITO

A experiência de construir e implantar inovações em parte de um currículo foi realizada pelo Núcleo Docente Estruturante[1] (NDE) da instituição. Entre suas atribuições estava a de procurar dinamizar o curso. Compunham o grupo seis docentes integrantes do NDE, entre os quais se encontrava a coordenadora do grupo.

Os professores sentiam, como vários docentes, que as Diretrizes Curriculares Nacionais (DCNs), orientadoras dos cursos de Direito, precisavam ser mais bem explicitadas nas disciplinas e que os métodos e técnicas mais convencionais de ensino já não atendiam às necessidades de formação dos profissionais de que a sociedade atual necessita.

O grupo de docentes assumiu como objetivo planejar as seis disciplinas que compunham o segundo período do curso de Direito, com integração das DCNs e introdução de práticas pedagógicas diferenciadas. A ideia de construir o projeto com tais disciplinas deveu-se ao fato de que os seis professores participantes do projeto lecionavam nesse período. Além disso, os conteúdos a ser abordados mostravam-se mais abertos a um ensino com práticas pedagógicas que possibilitariam a interdisciplinaridade.

As disciplinas desse período eram as seguintes: Ciência Política; Ciências Sociais; Comunicação e Expressão; Direitos Fundamentais; Teoria Geral do Crime; Teoria Geral do Direito Civil.

As habilidades das DCNs a ser trabalhadas foram selecionadas e sistematizadas em três grupos: linguísticas, hermenêuticas e metodológicas. Todos eles ampliam a formação jurídica na aquisição de informações e no desenvolvimento da prática jurídica no contexto teórico-prático, promovendo a formação de profissionais aptos a desenvolver a construção do co-

Marcos T. Masetto

nhecimento com capacidade crítica e consciência cidadã por intermédio de estratégias de ensino mais participativas.

Compreende-se por habilidade linguística a capacidade de desenvolver leitura, compreensão e elaboração de textos, atos e documentos jurídicos ou normativos, com a devida utilização das normas técnico-jurídicas, além da correta utilização da terminologia jurídica ou da ciência do Direito.

Por habilidade hermenêutica, entende-se a capacidade de interpretar e aplicar o Direito; de julgar e tomar decisões; de utilizar o raciocínio jurídico, argumentar e persuadir; e de fazer uso da reflexão crítica.

Já a habilidade metodológica busca desenvolver as atividades de pesquisa e utilização da legislação, da jurisprudência, da doutrina e de outras fontes do Direito, bem como o domínio de tecnologias e métodos para permanente compreensão e aplicação deste.

O grupo de professores assumiu também a necessidade de integrar os assuntos das disciplinas em grandes temas que permitissem o diálogo entre elas. Tal integração se completaria com novas metodologias ativas, com atividades participativas dos alunos, com atitude de mediação pedagógica por parte dos professores e com a criação de um novo processo de avaliação que acompanhasse os alunos em seu processo de aprendizagem significativa.

Com essa proposta, iniciou-se uma verdadeira reviravolta nos pontos-chave e tradicionais de um curso de Direito convencional: planejamento isolado de cada disciplina, em geral distante das DCNs e realizado pelo seu titular; preocupação unicamente com conteúdos específicos; predominância da técnica de aula expositiva, estilo aula magna; postura do docente como expert em sua área de conhecimento e, em geral, bastante distante dos alunos; avaliação por meio de provas tradicionais e notas.

Os professores engajados no projeto perceberam de imediato que, além de boa vontade, precisavam urgentemente de uma formação docente básica e em serviço para levar adiante o que se propunham.

E, como comentamos em outros capítulos deste livro, cada projeto de inovação exige um programa específico de formação dos docentes, que responda às especificidades do projeto e às necessidades dos protagonistas docentes. Nesse caso também foi o que aconteceu.

PROCESSO DE FORMAÇÃO DOS DOCENTES

Construiu-se um programa de formação continuada e em serviço, desenvolvido em duas fases: uma de sensibilização dos professores para o projeto e seu compromisso com ele; outra com atividades de formação contínua em serviço.

Sensibilização dos professores

Fase composta de encontros entre os seis professores para aquecimento e aclimatação sobre vários aspectos básicos fundamentais à construção do projeto. Os assuntos trabalhados foram surgindo das necessidades e propostas dos próprios professores, fruto de suas preocupações.

a A importância do pertencimento ao Núcleo Docente Estruturante, as principais atribuições do NDE e, principalmente, a responsabilidade da implantação de um projeto pedagógico de curso de acordo com as Diretrizes Curriculares Nacionais.

b O objetivo do grupo era planejar as seis disciplinas que compunham o segundo período do curso de Direito, com a integração das DCNs e a introdução de práticas pedagógicas diferenciadas.

c Tinha-se em mente que os métodos e técnicas convencionais de ensino já não eram adequados à atual formação dos profissionais de Direito, e que o modelo tradicional disciplinar dificulta muito o desenvolvimento de conhecimentos interdisciplinares, devido ao conhecimento fragmentado por ele proporcionado.

d Os docentes questionaram de que forma as disciplinas poderiam ser realizadas de modo que desenvolvessem habilidades e competências linguísticas, hermenêuticas e metodológicas constantes nas DCNs, a integração interdisciplinar entre elas e o uso de novas metodologias de ensino.

e No caso da seleção do grupo de alunos que participaria do projeto, optou-se por uma turma do período noturno, com um número menor de alunos (cerca de 60).

f Os professores imediatamente perceberam a necessidade de sensibilizar esses alunos ainda no primeiro semestre letivo, para que tivessem um contato prévio com esses seis professores, um maior relacionamento entre si e a vivência de algumas atividades relacionadas com o futuro projeto – como exercícios de integração com as disciplinas que vinham cursando no primeiro período. Observe-se que a preocupação dos professores com a sensibilização dos alunos indica que um dos aspectos essenciais para o sucesso do projeto – o envolvimento nele, desde o início, por todos os participantes – havia sido percebido e interiorizado pelo grupo. Daí a preocupação em preparar de algum modo os alunos que iam compor o projeto.

g O grupo sentiu a necessidade de contar com a colaboração de alunos monitores que pudessem acompanhar os professores nessa nova empreitada, com as seguintes atribuições: um aluno monitor pesquisador para auxílio na elaboração do material de aula; e um aluno monitor de sala para auxílio na implantação de novas práticas pedagógicas, além de constituir um elo permanente entre o docente e os discentes. Nesse processo, os monitores se reuniriam regularmente com os respectivos professores para acompanhar o preparo das aulas, da linguagem e das estratégias utilizadas, bem como, em sala de aula, passaram a identificar melhor as dificuldades apresentadas pelos alunos, incentivando-os a participar das atividades acadêmicas, acompanhando as discussões em grupo e realizando plantão de dúvidas na pré-aula para a compreensão dos textos.

Formação continuada na busca de um novo fazer pedagógico

Essa fase se prolongou por um semestre, com seis encontros presenciais planejados, atividades de intercâmbio por meios eletrônicos e encontros pessoais informais.

Entre seus objetivos estavam: o desenvolvimento de competências próprias, como interação da equipe multiprofissional e multidisciplinar; a troca de experiências e saberes num processo de reflexão crítica sobre elas;

Trilhas abertas na universidade

o desenvolvimento de cooperação entre o grupo para efetivar as práticas inovadoras; e a parceria na (re)construção dos planos de ensino com planejamento participativo coletivo.

A reconstrução dos planos de ensino manifesta-se como resultante concreta e necessária do processo de formação continuada dos docentes. Com efeito, ao construir um plano para a aprendizagem do aluno, o docente refletirá sobre: a) objetivos da disciplina que ministrará; b) os conteúdos que possibilitem o alcance de tais objetivos; c) as estratégias que sejam mais facilmente assimiladas pelos alunos, propiciando a implementação dos objetivos; d) uma forma de avaliação contínua para todo o processo de aprendizagem; e) a real integração de sua disciplina com as demais daquele período, visando à aprendizagem dos alunos.

Para chegar à reconstrução de um plano de aprendizagem, os encontros abordaram:

a Os principais tópicos das Diretrizes Curriculares Nacionais para os cursos de graduação em Direito, notadamente os que se referiam às habilidades linguísticas, hermenêuticas e metodológicas, para um primeiro debate de compreensão coletiva.

b Revisão coletiva de como estavam de fato os planos de disciplina de cada um dos participantes.

c Propostas e ideias para a mudança na docência, como apresentação de filmes, de julgados dos tribunais, de fotos em matérias jornalísticas, de imagens, realização de seminários, debates, painéis, júris simulados e estudo de casos reais.

d Um modelo de plano de ensino de uma das disciplinas do curso no qual um assunto seria planejado para atender à aprendizagem dos alunos envolvendo os conteúdos necessários e as habilidades das DCNs. O tópico selecionado foi o de direito de isonomia, contido no plano de ensino da disciplina de Direitos Fundamentais. Esse plano, elaborado pela coordenadora do grupo, foi muito discutido pelos docentes; procurava-se compreender principalmente como relacionar objetivos (com DCNs), metodologia e avaliação.

Marcos T. Masetto

e   A identificação, nos planos de ensino de suas disciplinas fornecidos pela IES, de como as habilidades linguísticas, hermenêuticas e metodológicas poderiam ser desenvolvidas e apreendidas pelos alunos mediante o uso de novas práticas educativas. Os professores poderiam se encontrar, trocar ideias, pedir ajuda uns aos outros, debater questões e dificuldades. A própria pesquisadora se colocou à disposição de todos para trocar ideias e sugestões.

Os seis professores trouxeram seus planos de ensino integrando as habilidades linguísticas, hermenêuticas e metodológicas. Como era esperado, tiveram muitas dificuldades, uma vez que estavam acostumados a planejar suas aulas voltados apenas para o ensino de conteúdos, sem relacioná-los com outros objetivos. Planejar aulas preocupando-se com objetivos do aprendizado de habilidades das DCNs era até o momento quase impensável. Uma dificuldade especial apareceu na identificação de estratégias ou métodos de ensino, bem como no planejamento da avaliação.

Então, sentiu-se a necessidade de buscar uma assessoria externa que apoiasse o trabalho de realizar o planejamento das disciplinas tal como se estava pensando: integrando-as com as DCNs, planejando conteúdos em grandes temas, com metodologias ativas e avaliação acompanhando os alunos. Essa assessoria externa foi muito importante e significativa para os docentes, que se sentiram valorizados por um observador externo que ressaltou a importância do que faziam e a inovação que estavam criando para o ensino de Direito.

Foi planejada uma orientação individual para cada professor com *feedback* direto e pessoal sobre seus planos delineados segundo o novo modelo. Além disso, os docentes receberam orientação para que conseguissem integrar seus planos, uma vez que as disciplinas do segundo período do curso deveriam ser ministradas de forma integrada, e não isoladamente ou justapostas umas às outras. Favoreceu o processo de integração o fato de que todos os seis professores assumiram conjuntamente o compromisso de trabalhar em suas disciplinas com objetivos de formação dos

Trilhas abertas na universidade

profissionais de Direito retirados das DCNs. Identificaram-se também conteúdos afins nas diversas disciplinas que poderiam ser abordados de forma interdisciplinar em aula.

Por fim, no último encontro do semestre, conforme planejado, os professores indicaram parte do material de aula (textos, *slides*, filmes, imagens etc.) para socialização com o grupo, o que permitiu que o mesmo material fosse utilizado por mais de uma disciplina. Planejaram uma atividade extracurricular de caráter integrador, juntamente com uma atividade de avaliação própria, além da avaliação contínua que as disciplinas vinham realizando.

Cabe destacar que a partir desse momento, levando-se em consideração os planos individuais de ensino e sua integração, cada docente passou a reunir-se com seus monitores (pesquisador e de sala de aula) para a elaboração de cada aula. O monitor pesquisador ficou responsável pela pesquisa de materiais específicos para compor as aulas, como imagens, textos, acórdãos, entrevistas, notícias jornalísticas etc. Já o monitor de sala acompanhou a elaboração das atividades da aula pelo docente, a fim de facilitar a relação professor-aluno.

Nessa experiência de formação de docentes, percebemos que

> Não há possibilidade de qualquer inovação acontecer e se implantar quando imposta de cima para baixo, ou de fora para dentro, por melhor que seja o projeto. O sentimento de "pertença" ao projeto é requisito básico a ser vivenciado e trabalhado desde o início. A presença e a coesão maiores desse grupo podem determinar o ritmo de implantação da inovação [...].
>
> [...]
>
> Necessita-se de um envolvimento individual e coletivo com o novo projeto, com atitudes de percepção e vivência das necessidades sentidas, de abertura para a inovação, ousadia, coragem, compromisso, participação, disposição de modificar crenças, culturas, atitudes, ideias; disposição para um trabalho de equipe, de corresponsabilidade para "pôr a mão na massa"; disposição para discussão, implantação e desenvolvimento do projeto. (Masetto, 2012, p. 26-31)

Estabeleceu-se que os docentes apresentariam aos alunos, na primeira semana de aula, os planos individuais de ensino, bem como as atividades integradas, a fim de colher a impressão dos estudantes e ajustar os planos às suas necessidades acadêmicas, profissionais e sociais.

O ACOMPANHAMENTO DOS DOCENTES

No decorrer do semestre letivo, os professores trocaram e-mails com relatórios sobre as aulas ministradas, com o objetivo de manter a integração e a atualidade dos conteúdos e atividades, assim como eventuais ajustes feitos para atender à demanda discente.

Alguns encontros foram agendados para trocar impressões gerais sobre o cumprimento dos planos individuais de ensino, suas dificuldades, facilidades, aprendizagem e aproveitamento dos alunos, sugestão de possíveis alterações e experiências com os alunos monitores.

É importante ressaltar as atitudes de autonomia e de responsabilidade dos professores, que, assumindo o processo de formação levado a efeito nesse projeto, conseguiram romper com as amarras do ensino tradicional de Direito.

A AVALIAÇÃO DOS DOCENTES EM RELAÇÃO AO PROJETO

Da avaliação que os professores fizeram sobre o projeto de formação, destacamos os dois itens a seguir.

1   Quando solicitados a definir com uma palavra todo o projeto desenvolvido, assim se expressaram: *ousadia, estimulante, evolução, integrativo, corresponsabilidade, eficiente.*
2   Os professores relataram que a docência assumiu uma nova roupagem – ou, ainda, que esta nunca mais será a mesma, agora revestida de:
    • planejamento detalhado e recorrente das disciplinas com integração de habilidades (ousadia);

- relação de corresponsabilidade entre professor e alunos na construção conjunta de conhecimentos (corresponsabilidade);
- mediação da aprendizagem (estimulante);
- integração com as demais disciplinas do curso (integrativo);
- adoção de novas técnicas mais participativas (eficiente);
- reflexão permanente sobre as práticas como forma de evolução da competência pedagógica (evolução).

CONSIDERAÇÕES FINAIS

Em sua tese, Andrea Wild (2012) apresentou o planejamento de algumas unidades selecionadas entre os planos de ensino das disciplinas integrantes do projeto de pesquisa. Destes, selecionamos alguns de diferentes disciplinas para ser analisados pelos nossos leitores.[2] Entendemos ser fundamental conhecermos a reconstrução dos planos das disciplinas que esse grupo de professores conseguiu realizar tendo por base a ousadia de inovar em um curso de Direito convencional.

Marcos T. Masetto

Unidade da disciplina Direitos Fundamentais (Wild, 2012, p. 83)

Unidade III	Direitos individuais e coletivos	
Aulas	2	
Objetivos gerais	Sólida formação geral	Valorização dos fenômenos jurídicos e sociais Desenvolvimento da cidadania
Objetivos específicos	Adquirir conhecimentos sobre os conceitos do direito de igualdade ou de isonomia	Interpretação e aplicação do Direito (fomento à capacidade de persuasão e argumentação jurídica)
Conteúdo	Direito de igualdade (isonomia)	
Metodologia	Leitura prévia de texto com anotação de indicadores Elaboração de texto individual Divisão da sala em grupos para confrontação dos textos individuais e elaboração de texto final Aulas expositivas dialogadas (AED) trabalhando os principais conceitos do direito de igualdade	Indicação de um estudo de caso prático (realidade social), com divisão da sala em grupos para tomada de decisão, com sustentação oral de pontos de vista opostos em debate em sala com mediação do professor
Avaliação	Exposição dos textos finais pelos relatores em plenário com fechamento pelo professor na AED	Resolução do estudo de caso com aplicação da teoria ao caso prático com tomada de decisão, exposta em plenário por meio de sustentação oral dos relatores dos grupos e avaliação pelos próprios alunos com mediação do professor

Trilhas abertas na universidade

Unidade da disciplina de Ciências Sociais (Wild, 2012, p. 172)

Unidade I	Principais vertentes teóricas da Sociologia	
Aulas	10	
Objetivos gerais	Sólida formação geral	Valorização dos fenômenos jurídicos e sociais Desenvolvimento da cidadania
Objetivos específicos	Adquirir conhecimentos científicos para o desenvolvimento da reflexão crítica dos fatos sociais	Interpretação e valorização dos fatos sociais no estudo do Direito Reflexão crítica dos fatos sociais, mobilizando conhecimentos obtidos em outras disciplinas
Conteúdo	O histórico e o conceitual da Sociologia A concepção materialista dialética A concepção funcionalista e compreensiva	
Metodologia	Leitura prévia individual de textos correlatos Aulas expositivas Aulas expositivas dialogadas (AEDs) para verificação dos indicadores anotados	Indicação de um caso concreto (fato social) consistente na construção individual de uma análise crítica do ponto de vista da Sociologia e do Direito
Avaliação	Observação da discussão sobre indicadores anotados em AEDs	Correção da redação individual com análise crítica Devolutiva em plenário Autoavaliação do aluno

Marcos T. Masetto

Unidade de trabalho da disciplina Comunicação e Expressão (Wild, 2012, p. 174)

Unidade III	Práticas discursivas	
Aulas	4	
Objetivos gerais	Sólida formação geral	Valorização dos fenômenos jurídicos e sociais Desenvolvimento da cidadania
Objetivos específicos	Desenvolvimento da capacidade de leitura e redação, com base na análise e na criação de textos Aquisição de informações sobre o artigo de opinião como gênero discursivo	Utilização de raciocínio jurídico na mobilização de conhecimentos de outras áreas, da persuasão e da argumentação verbal e não verbal Desenvolvimento de recursos pessoais para identificação, criação, seleção e organização de ideias na expressão oral e escrita
Conteúdo	Metáfora e metonímia Conceitos de artigo de opinião	
Metodologia	Leitura prévia individual de textos com anotação de indicadores Aulas expositivas dialogadas (AEDs) para verificação dos indicadores anotados	Construção de um texto no gênero jornalístico de opinião, adotando posição de defesa de direitos fundamentais, mobilizando conhecimentos de outras áreas e da própria disciplina (persuasão e argumentação verbal e não verbal)
Avaliação	Observação da discussão sobre indicadores anotados em AEDs	Verificação da competência linguística na redação do texto, no envolvimento pessoal e da criatividade dos alunos na construção do texto jornalístico, com mobilização de conhecimentos de outras áreas Fechamento pelo professor

Trilhas abertas na universidade

Unidade da disciplina Teoria Geral do Crime (Wild, 2012, p. 178)

Unidade II	Aplicação da lei penal	
Aulas	10	
Objetivos gerais	Sólida formação geral	Valorização dos fenômenos jurídicos e sociais Desenvolvimento da cidadania
Objetivos específicos	Desenvolver a capacidade de leitura e compreensão dos principais conceitos do Direito Penal no que toca à aplicação da lei penal. Correta utilização da terminologia jurídica (penal)	Utilização de raciocínio jurídico na compreensão lógico-legislativa como apoiadora da atividade jurídico-penal e na mobilização de conhecimentos de outras áreas do Direito, correlatas
Conteúdo	Fontes do Direito Penal, interpretação da Lei Penal, analogia no Direito Penal, eficácia da Lei Penal (tempo e espaço), Lei Penal em branco e conflito aparente de normas	
Metodologia	Leitura individual de textos em sala com anotação de indicadores Aulas expositivas dialogadas com o método 7 x 3 para verificação dos indicadores anotados e discussão em sala	Aplicação de exercícios com linha do tempo para fixação de conceitos
Avaliação	Observação da discussão sobre indicadores anotados em AEDs Correção do questionário pelo docente	Avaliação pelo docente da legislação penal criada pelos grupos com a observância de parâmetros previamente trabalhados e com a mobilização de conhecimentos de outras áreas do Direito e afins

Marcos T. Masetto

Unidade da disciplina Ciência Política (Wild, 2012, p. 181)

Unidade IV	Estado moderno e democracia	
Aulas	8	
Objetivos gerais	Sólida formação geral	Valorização dos fenômenos jurídicos e sociais Desenvolvimento da cidadania
Objetivos específicos	Apreensão de conceitos jurídicos sobre o tema central de estado moderno e democracia e correta utilização da terminologia jurídica para redação de textos legais e jurídicos	Interpretação de normas jurídicas e de raciocínio jurídico com reflexão crítica dos fenômenos sociais e políticos como forma de valorar o Estado Democrático de Direito
Conteúdo	Separação dos poderes e atuação do Judiciário, democracia, sufrágio, formas de governo, representação política e Estado Federal	
Metodologia	Leitura prévia individual de textos com anotação de indicadores, incluindo artigos e jornais com questões polêmicas atuais, correlatas à unidade de ensino Aulas expositivas dialogadas (AEDs) com discussão dos indicadores anotados nos textos	Divisão da sala em pequenos grupos para análise, interpretação e redação individual de um voto favorável ou contrário à quebra do sigilo bancário Simulação de uma Sessão Plenária do STF para julgamento da questão exposta, com elaboração final pelos grupos de uma ementa sobre a decisão Sustentação oral em sala pelos relatores de cada grupo, com avaliação final pelo docente
Avaliação	Observação da discussão sobre indicadores anotados em AEDs	Acompanhamento em sala pelo docente do processo de discussão e votação nos grupos Avaliação final, pelo docente, da sustentação oral das ementas pelos relatores de cada grupo

Trilhas abertas na universidade

Unidade da disciplina Teoria Geral do Direito Civil (Wild, 2012, p. 184)

Unidade I	Noções introdutórias do Direito Civil	
Aulas	4	
Objetivos gerais	Sólida formação geral	Valorização dos fenômenos jurídicos e sociais Desenvolvimento da cidadania
Objetivos específicos	Aquisição de informações sobre conceitos básicos do Direito Privado e sua relação com os demais ramos do Direito	Forma de interpretação das normas jurídicas de Direito Privado para aplicação aos casos concretos, valorizando os fenômenos sociais juridicamente relevantes
Conteúdo	Conceito de Direito, Direito Objetivo e Subjetivo, Direito Público e Direito Privado, conceito de Direito Civil, importância do Direito Civil, utilidade da codificação, princípios do Direito Civil e relação do Direito Civil com os demais ramos do Direito	
Metodologia	Aula expositiva com apresentação da disciplina e principais conceitos sobre o tema Leitura prévia de texto disponibilizado pelo docente com anotação de indicadores para uma reflexão crítica sobre a forma de interpretação das normas no Direito Privado na atualidade	Divisão da sala em pequenos grupos para responder às questões elaboradas pelo docente com base no texto e nos indicadores anotados Discussão em aula expositiva dialogada (AED) sobre as questões formuladas e fechamento pelo professor
Avaliação	Observância das respostas dadas pelos alunos aos questionamentos realizados pelo professor, decorrentes da leitura prévia de texto conceitual e reflexivo	Análise da forma de interpretação das normas jurídicas de Direito Privado para aplicação aos casos concretos, com valorização dos fenômenos sociais com relevância jurídica, mediante observância da discussão em sala na AED com fechamento pelo professor

Notas

1. Núcleo composto por um grupo de docentes da graduação com atribuições acadêmicas de acompanhamento e de atuação no processo de concepção, consolidação e contínua atualização do projeto pedagógico do curso.
2. A formatação das tabelas deste capítulo foi adaptada para fins didáticos; o conteúdo permanece o mesmo.

Referências bibliográficas

MASETTO, M. T.(org.). *Inovação no ensino superior*. São Paulo: Loyola, 2012.

WILD, A. *Reflexões sobre a formação de professores em um curso de Direito*. Tese (doutorado em Educação), Pontifícia Universidade Católica de São Paulo, São Paulo (SP), 2012.

Leitura complementar

GHIRARDI, J. G. *O instante do encontro: questões fundamentais para o ensino jurídi-co*. São Paulo: Fundação Getulio Vargas, 2012.

GHIRARDI, J. G. (org.) *Métodos de ensino em Direito – Conceitos para um debate*. São Paulo: Saraiva, 2009.

MASETTO, M. T. *O professor na hora da verdade*. São Paulo: Avercamp, 2010.

8 FORMAÇÃO DE PROFESSORES PARA QUE INTEGRASSEM O PROJETO PEDAGÓGICO INSTITUCIONAL POR PROJETOS DA UFPR LITORAL

INTRODUÇÃO

No Capítulo 3 deste livro, procuramos apresentar uma síntese do projeto pedagógico da UFPR Litoral, que se caracteriza como uma proposta inovadora, construindo seus cursos de formação baseados num paradigma curricular por projetos.

Naquele capítulo chamamos a atenção de nossos leitores para a complexidade desse paradigma curricular e de sua fundamentação teórica. Comentamos também as novas estruturas curriculares demandadas para trabalhar com a construção de projetos de aprendizagem, com a pesquisa interdisciplinar, com conteúdos discutidos na modalidade de grandes temas – que permitem a integração das diferentes áreas do conhecimento (as disciplinas) – e com as metodologias ativas – que exploram a integração da teoria com a prática em situações concretas de atuação profissional. Tratamos, ainda, do trabalho em equipe com uma relação de parceria e corresponsabilidade entre os sujeitos do processo de formação: alunos, professores, gestores, funcionários e comunidade.

Neste capítulo, vamos refletir sobre o programa de formação dos professores que integraram o projeto inovador da UFPR Litoral, detalhando suas peculiaridades, uma vez que procuraram atender às especificidades do projeto em seu contexto.

Vamos nos fixar em duas questões: processo de seleção e sensibilização dos professores para o projeto e programa de formação continuada e suas adaptações durante a implantação do projeto.

Marcos T. Masetto

PROCESSO DE SELEÇÃO E SENSIBILIZAÇÃO DOS PROFESSORES

O surgimento de um projeto universitário totalmente novo, em uma região em que nada havia nesse sentido, conferiu-lhe uma condição especial, muito incomum nos demais projetos inovadores que estudamos: a seleção e a contratação de todo o corpo docente que deslancharia o projeto e que se afinasse com sua proposta inicial.

Nessas condições, abriu-se um processo bem específico de seleção e sensibilização de docentes.

Apresentaram-se para a seleção professores com experiências docentes tradicionais, com modos diversificados de trabalhar no ensino superior, com culturas pedagógicas diferenciadas, com o propósito de construir sua carreira acadêmica mais vinculada às suas pesquisas e publicações científicas do que a novos projetos de docência. Alguns satisfeitos com o modo de administrar sua disciplina, outros desejando algo de novo, uns terceiros chegando diretamente do doutorado sem nenhuma experiência de docência universitária e outros, por fim, abertos à inovação.

Esse cenário indicou a necessidade de se planejar um processo de seleção muito cuidadoso para que se formasse um corpo docente necessário e competente para o projeto, com conhecimentos interdisciplinares e formações e experiências diversas, mas principalmente com uma atitude de abertura para o novo, disponibilidade para se comprometer com o projeto e disposição de colocar a "mão na massa" em conjunto com todos para construí-lo.

Ao mesmo tempo, havia um desafio: como sensibilizar esses professores para que se integrassem à nova proposta, se comprometessem com sua construção e se dispusessem a construir uma equipe de reflexão e de trabalho com os demais docentes?

Numa primeira fase, foram trabalhados com os candidatos os seguintes pontos:

a Apresentação e debate sobre a proposta da UFPR Litoral de se inserir naquele local visando atuar decisivamente para seu desenvolvimento,

Trilhas abertas na universidade

por meio da educação e de cursos universitários, com forte potencial de alavancar a região do ponto de vista educacional, econômico, cultural, político e social.

b Diálogo sobre o grande objetivo do projeto: formar profissionais comprometidos com a educação, com a saúde, com questões socioambientais e com o empreendedorismo para promover o protagonismo e a emancipação de indivíduos e da região.

c Estudo e debate com os gestores sobre o projeto político pedagógico da UFPR Litoral.

d Um período de ambientação na região, com tempo para apreender as demandas sociais, econômicas, ambientais e culturais que poderiam ser objeto de intervenção de ações acadêmicas.

e Um período para se acomodar com o projeto pedagógico, incluindo a oportunidade de ministrar uma aula real na universidade, com a participação dos estudantes.

f Em geral, em processos seletivos para a docência nas universidades, os candidatos são selecionados para lecionar determinadas disciplinas; na UFPR Litoral, porém, foram convidados a integrar um novo projeto curricular e dele participar, e não a uma disciplina específica.

Os professores que participaram dessas atividades reconheceram como momentos formativos iniciais muito interessantes as oportunidades de reconhecer a região onde se implantaria o projeto e de ministrar uma aula real na universidade, com a participação dos estudantes.

O critério fundamental da seleção estava intrinsecamente vinculado aos professores que realmente se interessassem pelo projeto e se dispusessem a trabalhar conjuntamente em sua construção.

Constituiu-se um corpo docente multidisciplinar, selecionado por concurso público, e com o desafio de apropriar-se da proposta educacional, de seus princípios de emancipação e formação para cidadania por intermédio da aprendizagem por projetos destinados à construção do conhecimento e à melhoria da vida das pessoas e da região.

Marcos T. Masetto

O segundo desafio era criar um programa da formação continuada para os docentes a fim de que dessem sustentação ao projeto durante sua implantação.

FORMAÇÃO CONTINUADA DOS DOCENTES

Os gestores do projeto pedagógico da UFPR Litoral, juntamente com os professores, entenderam que o melhor método de formação continuada dos professores para que integrassem e construíssem conjuntamente o novo projeto seria o modelo de *cogestão*.

A presença permanente, estatutária e participativa dos professores em todas as instâncias de gestão e deliberação do projeto em andamento lhes permitiria:

- acompanhar o desenvolvimento e a evolução do projeto;
- conhecer os problemas emergentes, vivenciá-los na construção do projeto e, juntos, diagnosticá-los, resolvê-los e encaminhá-los;
- discutir e fazer propostas a respeito dos novos passos, iniciativas e realizações do projeto, pensando em sua continuidade e suas adaptações.

Em que espaços se daria essa cogestão?

- Nos encontros semanais do conselho deliberativo, no qual se reúnem docentes, discentes, técnicos e comunidade, e das câmaras técnicas interdisciplinares, onde são debatidas questões pedagógicas e administrativas dos diversos cursos e de âmbito institucional.
- Em reuniões de gestão, com diferentes pautas, discussões densas e assuntos diversos que corriqueiramente não são discutidos pelos professores em uma instituição mais convencional.
- Nas câmaras técnicas interdisciplinares: todos os professores são convidados a participar das câmaras de todos os cursos, mas têm o compromisso de se juntar a pelo menos duas delas – uma mais próxima da sua área de formação e outra mais distante –, participando assim do debate sobre múltiplas perspectivas e áreas de conhecimento, considerando o

Trilhas abertas na universidade

desenho curricular interdisciplinar de cada um e de todos os cursos da UFPR Litoral.

Essa ativa participação nos diferentes órgãos de gestão e deliberação sobre o projeto que se construía permitiu a docentes, gestores, funcionários e alunos:

- amadurecer o significado da inovação curricular que se implantava, o sentimento de "pertença" ao grupo e ao projeto;
- aprofundar a parceria e a corresponsabilidade pelo projeto que se delineava e se construía, e o compromisso de realizá-lo com um trabalho em equipe;
- rever seus papéis na estrutura curricular e, aos docentes, em particular, repensar e redescobrir a docência universitária em um projeto inovador.

Tais espaços funcionaram regularmente durante todo o semestre e com uma frequência contínua, o que constituiu de fato uma nova perspectiva de formação continuada para os docentes.

No entanto, no decorrer do processo surgiram outras necessidades de formação que acabaram por ampliá-la.

Foram planejadas *semestralmente semanas pedagógicas* com a participação de convidados externos. Eram momentos de intenso debate, que proporcionaram aos professores autoformação e posicionamento crítico e reflexivo sobre aspectos políticos, sociais, culturais, cognitivos, éticos e pedagógicos para um "ser professor" naquele projeto diferenciado.

Como o projeto pedagógico está sempre "em construção" ou "em processo", criaram-se *semestralmente semanas de avaliação e replanejamento dos cursos e atividades* – espaços de trabalho que ocorrem de maneira ordinária, como oportunidades de formação continuada. Com base no relato e na análise do trabalho realizado, das pendências, das dificuldades e necessidades apontadas no processo pedagógico desenvolvido no semestre/ano, propicia-se um trabalho coletivo de (re)planejamento das práticas pedagógicas, inclusive com apoio de assessorias externas.

Marcos T. Masetto

Como vimos, em todo projeto inovador uma questão delicada que afeta o corpo docente diz respeito à necessidade de mudança de sua cultura pedagógica e às consequências derivadas dessa situação.

Tais problemas aconteceram na implantação desse projeto e os gestores e professores tiveram de se haver com eles e encaminhá-los.

De um lado, as relações interpessoais entre alguns docentes geraram conflitos, insegurança diante do novo e algumas decepções com o projeto, com consequente perspectiva de abandono dele. De outro, a percepção de que se fazem necessárias novas práticas pedagógicas, novas metodologias e uma nova postura de mediação pedagógica incentivou professores e gestores.

Esses dois conjuntos de problemas que foram referidos pelos docentes fizeram que a gestão, juntamente com eles, planejasse *outras atividades de formação continuada* que ampliassem as já existentes. Assim, *criaram-se dois outros programas*, que detalharemos a seguir.

O primeiro deles foi o *Programa de Apoio à Aprendizagem (Proa)*, gestado para colaborar com o processo de formação dos docentes no que dizia respeito à ampliação do espectro das práticas pedagógicas e seus instrumentos ou técnicas, possibilidades de repensar a atuação pedagógica na busca de qualidade de ensino-aprendizagem para os estudantes, de articulação da teoria com a prática.

Entre os temas abordados estava como trabalhar com diferentes aspectos do processo ensino-aprendizagem acompanhando o desempenho dos alunos e superando as dificuldades.

Os professores ouvidos sobre esse processo de formação continuada deram grande ênfase ao aspecto coletivo deste na construção de conhecimento, no esclarecimento de dúvidas, na programação das aulas, no emprego de novas metodologias para atender às dificuldades dos alunos e na discussão do processo de avaliação e autoavaliação, inclusive com os alunos.

Segundo eles, a formação docente acontece a cada dia e em todos os momentos vivenciados na UFPR Litoral; em cada aula de campo, quando é preciso estudar, planejar, organizar as saídas da universidade; em cada novo lugar do litoral que se conhece ou (re)visita com novos olhares; em cada dia de aula, quando a interação com os estudantes incrementa, cria e modifica o jeito de exercer a docência; nas conversas e nos debates com os colegas, que fazem os sujeitos refletir e (re)compor como docentes, como seres humanos.

Os diferentes espaços de formação ajudam os professores sobretudo a encaminhar os problemas e dificuldades apresentados pelos alunos que se veem em um curso com um currículo totalmente diferente do tradicional e no qual eles precisam aprender a trabalhar. Os estudantes não têm uma cultura de assumir com responsabilidade seu processo de aprendizagem, uma atitude ativa diante do estudo; sentem o medo e a incerteza na construção de um conhecimento com novas práticas. Muitos esperam algo, mas não buscam a sua construção.

O segundo programa de formação continuada criado visou ao próprio projeto pedagógico, objetivando seu fortalecimento e aprimoramento; a articulação da teoria com prática; aproximação cultural, aprofundamento e sistematização das reflexões sobre seus eixos curriculares, sua proposta interdisciplinar, intersetorial, a gestão coletiva, a interação com a comunidade da região, o envolvimento dos alunos com o projeto e outros aspectos que, com base em diagnósticos, mereceram um estudo maior. Criou-se então o Grupo de Estudos de Formação Continuada (Gefoco).

Faz sentido lembrar as cinco pesquisas realizadas sobre diferentes aspectos do Projeto da UFPR Litoral, sendo quatro de doutorado e uma de mestrado até 2017: Arantes-Pereira (2012); Fagundes (2012); Keller-Franco (2008, 2014); Mengarelli (2017).

O Gefoco vem criando oportunidades para o desenvolvimento de relações pessoais capazes de contribuir para o crescimento de todos, para o fomento à construção coletiva, para o resgate do histórico de vida e para a visualização da própria caminhada.

Depois da criação desse grupo de estudos, algumas mudanças ocorreram: desestabilização do pretendido "porto seguro"; entendimento de que o que se tem já não atende às necessidades; desvelamento concreto das necessidades atuais durante o processo; aceitação de que há diferentes tempos, os quais precisam ser respeitados.

A mudança mais significativa se deu na compreensão aprofundada da própria docência: no grupo, compreendeu-se que organizar uma aula não é o mesmo que criar um circuito de treinamento, mas a construção com os alunos da aprendizagem e formação profissional – e que isso poderia ser bem mais criativo do que se pensava até então.

Para a docência universitária, o Gefoco contribuiu na discussão de problemas operacionais sobre a prática interdisciplinar, na análise da articulação teoria-prática entre os professores e na reflexão sobre mediação pedagógica e sobre o sentido de pertença ao projeto.

CONSIDERAÇÕES FINAIS

O programa de formação de professores para que integrassem e construíssem o projeto pedagógico da UFPR Litoral apresentou características diferenciadas bem adequadas à singularidade do próprio projeto:

- A possibilidade de constituir um corpo docente novo, sem necessidade de compô-lo com professores já existentes em uma instituição, o que foi muito bem explorado pelos gestores a favor do projeto.
- O processo de seleção e sensibilização dos candidatos, como descrevemos, permitiu encontrar docentes que se entusiasmaram pela proposta do projeto, comprometeram-se com ela e se dispuseram desde o início a construir em equipe, com todos os professores, gestores e funcionários, os currículos inovadores. Assumiram inclusive a necessidade de desenvolver uma formação docente própria para realizar o projeto.
- Discutido o programa de formação continuada, os docentes assumiram sua realização na modalidade de cogestão do projeto, o que se manifestou uma singularidade nas modalidades de formação continuada – uma inovação de fato, a qual se mostrou muito eficiente para os objetivos propostos.
- Eficiente, mas insuficiente, como vimos. Com efeito, os próprios docentes confirmaram com depoimentos a riqueza desse processo de formação, mas foram suficientemente críticos para demonstrar que

faltava algo em sua formação que não podia ser atendido apenas pela modalidade de formação em cogestão.

- Com a sabedoria dos gestores, que se abriram para perceber as necessidades dos professores, e a colaboração crítica e proativa deles, o grupo foi construindo outras atividades de formação que completassem o que estava faltando e respondessem melhor às necessidades daquele corpo docente. E assim surgiram semestralmente as semanas pedagógicas e as semanas de avaliação de replanejamento dos cursos e de adaptações do projeto que estava em andamento. Surgiram, ainda, o Proa e o Gefoco.

Trata-se, enfim, de um projeto pedagógico inovador, dinâmico e em contínuo movimento, sem se engessar em nenhum momento, em contínua evolução e crescimento, com avaliações e adaptações necessárias e aberto a um programa contínuo de formação de seus professores, gestores, funcionários e alunos.

Entendemos ser uma experiência que de fato nos traz inúmeras reflexões e ideias novas sobre a formação de professores interessados em integrar a construção de projetos inovadores e a se comprometer com eles.

Referências bibliográficas

ARANTES-PEREIRA, C. *Processo de formação de professores universitários engajados no currículo por projetos da Proposta Integral de Educação Emancipatória da UFPR Litoral*. Tese (doutorado em Educação), Pontifícia Universidade Católica de São Paulo, São Paulo (SP), 2012.

ARANTES-PEREIRA, C.; FELDMANN, M. G.; MASETTO, M. T. "Formação de professores integrados em projetos inovadores: o caso do projeto da Universidade Federal do Paraná Litoral (UFPR Litoral)". *e-Curriculum*, v. 12, n. 1, 2014.

FAGUNDES, M. C. V. *Mudar a universidade é possível? Desafios e as tensões de um projeto pedagógico emancipatório*. Curitiba: CRV, 2012.

KELLER-FRANCO, E. *Currículo por projetos: inovação do ensinar e aprender na educação superior*. Dissertação (mestrado em Educação), Pontifícia Universidade Católica de São Paulo, São Paulo (SP), 2008.

Marcos T. Masetto

_____. *Movimentos de mudança: um estudo de caso sobre inovação curricular em cursos de licenciatura da UFPR Litoral*. Tese (doutorado em Educação), Pontifícia Universidade Católica de São Paulo, São Paulo (SP), 2014.

MENGARELLI, R. R. *Inovação curricular universitária: o constante processo de constituição político-pedagógica da UFPR Litoral e os desafios na formação de seus atores*. Tese (doutorado em Educação), Pontifícia Universidade Católica de São Paulo, São Paulo (SP), 2017.

Leitura complementar

MASETTO, M. T. (org.). *Inovação no ensino superior*. São Paulo: Loyola, 2012.

9 FORMAÇÃO PARA A DOCÊNCIA UNIVERSITÁRIA POR COMPETÊNCIAS

INTRODUÇÃO

No Capítulo 4 deste livro, dialogamos sobre uma modalidade nova de formação de profissionais em cursos de graduação por meio do ensino por competências.

Aprofundamos teoricamente esse conceito e, como dissemos na conclusão daquele capítulo, com base nessa concepção entrevemos a possibilidade de planejar e realizar um curso de formação de profissionais pautado nessa nova modalidade.

Há muito tempo temos nos dedicado à formação pedagógica de professores do ensino superior, procurando desenvolver a perspectiva do profissionalismo na docência universitária em cursos, oficinas, *workshops*, seminários, encontros, assessorias e outras atividades diversas de formação continuada com esses docentes, nas mais diferentes modalidades.

No início de 2015, com um grupo de alunos pós-graduandos que se inscreveram para participar de uma disciplina sobre formação para a docência universitária com profissionalismo, propusemos o desafio de o construirmos numa modalidade de "aprendizagem da docência por competências" – experiência que relatamos a seguir.

Marcos T. Masetto

O CURSO DE FORMAÇÃO PARA A DOCÊNCIA UNIVERSITÁRIA NA MODALIDADE DE APRENDIZAGEM POR COMPETÊNCIAS

Introdução

Em todos os anos, no primeiro semestre, o Programa de Pós-Graduação de Educação: Currículo, da Pontifícia Universidade Católica de São Paulo (PUC-SP), oferece aos pós-graduandos um curso de um semestre, com duração de 15 semanas e três horas-aula semanais, voltado para a formação pedagógica de docentes do ensino superior.

A programação do curso é diferenciada a cada ano porque procura responder a interesses, expectativas e/ou necessidades dos participantes (alunos e professor), que são convidados, num primeiro encontro, para o planejamento conjunto, em parceria com o professor, daquele curso.

Em 2015, no primeiro encontro do grupo, quando as expectativas eram apresentadas, objetivos, dialogados e assumidos, temas, sugeridos e um processo de avaliação, proposto e discutido, o professor sugeriu que o grupo desenvolvesse sua formação pedagógica para a docência no ensino superior por meio da aprendizagem por competência.

Na justificativa dessa proposta, o professor dialogou com os alunos sobre os seguintes aspectos: ensino por competências é um tema que está sendo muito debatido atualmente em educação no Brasil, com significados e propostas bem diferenciados, dependendo da concepção de projeto educacional que se tenha como fundamento dessa perspectiva de aprendizagem.

Seria um grande desafio para nós, naquele curso, aprofundar o significado de aprendizagem por competências partindo de alguns autores que o pesquisaram na sua relação com a educação e aplicar esse conceito ao planejamento e à execução de um curso para docência universitária.

De início, houve certo espanto dos alunos, por várias razões: alguns, da área de educação, por já terem lido e discutido ideias sobre "ensino por competências", manifestaram certa resistência; outros, de áreas como administração, serviço social e da saúde, se mostraram curiosos por experimentar a modalidade. Ao final do debate, o grupo chegou à conclusão de que valia a pena assumir o desafio de criar o curso e se comprometeu com o planejamento e a execução deste.

Planejamento do curso

O grupo definiu três objetivos para o curso que atendessem à sua necessidade de *formação pedagógica para a docência no ensino superior*, buscando seu desenvolvimento pessoal e profissional nas áreas cognitiva, afetivo-emocional, de habilidades e de atitudes/valores:

1 *Desenvolver a aprendizagem de trabalhar em equipe na pesquisa e nas atividades programadas*, dando continuidade à tônica de aprender colaborativamente colocada em prática no primeiro encontro. Buscava-se atender a uma das expectativas mais marcantes dos professores universitários: a superação do individualismo e do isolamento em suas atividades docentes.

2 *Compreender o conceito de profissional competente* e sua aplicação ao docente de ensino superior com base no estudo de autores que o fundamentam na concepção de aprendizagem por competência.

3 *Desenvolver atuação docente competente* no ensino superior, por meio das seguintes estratégias: identificar e selecionar situações reais da atividade docente que exigem atuação competente; discutir a atitude de mediação pedagógica; resolver competentemente determinadas situações selecionadas; socializar as situações solucionadas com todos os participantes.

Para alcançar os objetivos selecionados, do ponto de vista do *conhecimento*, adotaram-se as seguintes estratégias:

• *estudo e pesquisa sobre aprendizagem por competência e sobre o conceito de profissional competente* – Perrenoud (2002, 2013); Roldão (2009); Sacristán (2011); Zabalza (2014) e outros a ser pesquisados;

Marcos T. Masetto

- aquisição de informações e produção de conhecimentos necessários e demandados em cada uma das situações profissionais reais, que seriam identificadas e selecionadas com o auxílio do professor;
- aprofundamento dos conhecimentos sobre o conceito de *mediação pedagógica e suas práticas*.

O planejamento da *metodologia do curso* baseou-se em *dois princípios*:

- *Aprendizagem colaborativa* realizada com trabalho em pequenos grupos, em tempo de aula e fora deste. Como o grupo contava com 12 participantes, formaram-se três grupos de quatro integrantes cada um.
- *Uso de metodologias ativas participativas, colaborativas e problematizadoras*, como: ensino com pesquisa; equipes interagindo entre si e com o professor; debates com todo o grupo, quando necessário; uso de tecnologias digitais de informação e comunicação (TDIC) no período de encontro presencial (semanal) e a distância (no período entre encontros); elaboração e redação de pequenos textos sobre o assunto pesquisado; técnicas de socialização à escolha dos grupos.

Como *processo de avaliação*, definiu-se uma dinâmica *contínua*, com *feedbacks* imediatos nos encontros presenciais e *feedbacks* por TDICs nos intervalos entre encontros sobre pesquisas realizadas; elaboração e redação de relatório da pesquisa; avaliação da resolução competente pelo pequeno grupo da situação profissional selecionada; avaliação da socialização do trabalho desenvolvido e dos recursos utilizados.

Etapas da implantação do plano e da realização do curso

A implantação do plano do curso se efetivou em *cinco etapas: sensibilização* do grupo; *identificação e seleção* das situações profissionais de docência no ensino superior; *realização* – em situações reais de docência no ensino superior, como formar um professor competente; *avaliação* dos resultados; e *socialização das experiências*.

Trilhas abertas na universidade

No que se refere à *sensibilização dos participantes para o significado de aprendizagem por competência e de profissional competente*, por meio da pesquisa individual e em pequenos grupos dos autores citados e de outros, estudou-se sua aplicação à situação profissional do docente do ensino superior. O estudo foi realizado com dinâmicas próprias para atividades em pequenos grupos e com debates em plenário com todo o grupo. Tais atividades produziram textos individuais e coletivos sobre os temas e, posteriormente, um texto pessoal síntese, em que cada participante consolidou sua compreensão sobre o significado de aprendizagem por competência e do profissional competente aplicado ao docente do ensino superior.

Na fase de *identificação e seleção das situações profissionais reais* da atividade docente no ensino superior que exigem atuação competente, após um debate sobre essa realidade, identificaram-se as seguintes situações:

- o docente em aula universitária;
- o professor parceiro do aluno na construção do conhecimento;
- o professor e a aprendizagem de habilidades e atitudes pelos alunos, para além da aprendizagem dos conteúdos;
- o professor e o uso de metodologias ativas e a organização de um processo de avaliação;
- o professor e a relação andragógica com os alunos;
- o professor e a relação de equipe com seus pares;
- o professor e o planejamento da formação profissional de seus alunos.

Essas duas etapas foram realizadas num período de três semanas, incluindo se encontros presenciais semanais de três horas cada um e atividades realizadas entre os encontros.

Na fase de *realização*, foram elencadas situações reais de docência no ensino superior e problematizou-se como formar um professor competente.

Lembremos que nosso objetivo no curso é que seus participantes possam se formar como professores competentes para o exercício da docência na universidade. Eles são os sujeitos dessa formação, e vão procurar construí-la na modalidade de aprendizagem por competência.

Marcos T. Masetto

Os 12 participantes do curso se subdividiram em três grupos de quatro alunos cada um. Na primeira parte do curso foi possível trabalhar com três situações selecionadas. As demais foram abordadas na segunda parte.

Esta fase de realização do curso, sempre com a orientação do professor, se realizou da forma como descrevemos a seguir.

As três primeiras unidades foram assumidas respectivamente pelos grupos: o docente em aula universitária (grupo 1); o professor parceiro do aluno na construção do conhecimento (grupo 2); o professor e a aprendizagem de habilidades e atitudes pelos alunos para além da aprendizagem de conteúdos (grupo 3). Cada uma delas realizou as atividades numa mesma sequência:

- Primeira atividade: *descrição de uma situação concreta*, específica e problemática de um professor de ensino superior.
- Segunda atividade: *diagnóstico da situação*, explicitando problemas presentes que mereciam ser encaminhados, seus contextos específicos, sujeitos envolvidos, relações entre eles, objetivos pretendidos, métodos e recursos existentes e outros aspectos que permitissem deixar bem clara a situação que deveria ser resolvida.
- Terceira atividade: *brainstorming de possíveis soluções* (hipóteses) para a situação apresentada.
- Quarta atividade: *retomada pelo grupo do conceito de profissional competente* aplicada ao professor de ensino superior – aquele que, diante de uma situação específica de docência, deverá ser capaz de mobilizar de forma sinérgica uma série de recursos pessoais de seu acervo, que lhe permitam compreender o contexto, identificar os antecedentes, estabelecer relação com sua experiência profissional e pessoal, realizar um diagnóstico, estabelecer necessidades e prioridades e elaborar o processo de intervenção, mobilizando recursos com sinergia, agindo com eficácia para resolver com êxito e sucesso a situação diante da qual ele se encontra. Para se formar como um professor competente na docência para o ensino superior, os membros de cada grupo deveriam se perguntar que recursos pessoais e profissionais te-

Trilhas abertas na universidade

riam de mobilizar para agir com eficácia e resolver a situação diante da qual ele se encontrava.

- Quinta atividade: *identificação de conhecimentos* gerais e específicos a respeito dos diferentes aspectos pedagógicos levantados no diagnóstico da situação-problema; identificação *de habilidades* técnicas e administrativas para lidar com espaços, estruturas e serviços; capacidade de trabalhar em equipe e, talvez, em equipe interdisciplinar ou interprofissional, elegendo métodos e recursos (estratégias) que precisariam ser desenvolvidos naquela situação; *atitudes* a ser desenvolvidas pelo professor na situação escolhida pelo grupo – relacionamento interpessoal, diálogo, comunicação, crítica, proatividade, iniciativa, prontidão, avaliação de experiências profissionais e pessoais anteriores, autocrítica, mediação pedagógica. Nessa fase também foram identificados: os *recursos que são de conhecimento e domínio dos participantes do grupo*, para sua *mobilização*, visando a uma ação eficaz na situação selecionada; os recursos de que os participantes dispõem, mas *necessitam de treinamento* para usá-los com *sinergia; os recursos que não possuem e dos quais precisam apropriar-se* para depois colocá-los em ação.

- Sexta atividade: com a identificação e seleção dos recursos necessários, parte-se para *a aquisição e a aplicação destes*, visando resolver a situação selecionada. *Essa atividade se completa quando for resolvida eficazmente a situação profissional*, demonstrando-se conhecimento, fundamentação e justificativa de sua solução. A ação deve ser eficaz e sinérgica.

Na etapa de avaliação dos resultados, além dos *feedbacks* contínuos oferecidos durante todo o processo, ao término dele cada grupo e o professor avaliaram os resultados da aprendizagem considerando as pesquisas realizadas, documentadas e discutidas, além da mobilização dos recursos necessários que permitiram uma formação competente para uma ação adequada diante da situação trabalhada. O grupo percebeu que desenvolveu uma atuação competente nas diferentes situações de docência no ensino superior que colaboraram para sua formação como professores. Cada grupo entregou um relatório completo do processo realizado.

Por último, *na etapa de socialização das experiências*, cada grupo planejou a comunicação e o diálogo com os demais sobre a formação pedagógica que desenvolveu. Tratava-se de um novo capítulo na formação de cada um dos grupos: interagir entre si para conhecer experiências, acompanhar o processo realizado e adquirir alguma vivência de como atuar como docentes diante de cada uma das três situações resolvidas. Os grupos aprenderam uns com os outros a formação competente para diversas situações profissionais.

Recursos trabalhados pelas equipes

Como nesta modalidade de formação de profissionais um dos pontos mais delicados e difíceis é a identificação dos recursos disponíveis e não disponíveis para atuação em cada situação profissional a ser resolvida com eficácia, entendemos ser interessante para nossos leitores, a título de exemplo, explicitar os recursos que o grupo de pós-graduandos precisou mobilizar para suas aprendizagens. Para não nos alongarmos, abordaremos os recursos mobilizados em *três situações profissionais*.

Trilhas abertas na universidade

O docente em aula universitária

Conhecimentos	Habilidades	Atitudes
– Aula como espaço de aprendizagem; de convivência entre alunos e professor; de ação de professor e alunos; aluno como protagonista de seu processo de formação; proatividade do aluno em preparar-se para as atividades de aula; professor como mediador pedagógico e atitudes consequentes dessa posição; processo de aprendizagem de adultos e de relação entre estes. – Compreensão da integração de sua disciplina com as demais, com o currículo do curso e com o projeto pedagógico. – Conhecimento de metodologias ativas para incentivar a formação profissional dos alunos e sua atitude de protagonistas no processo. – Conhecimento sobre o processo de avaliação integrado ao processo de aprendizagem.	– Reorganização do espaço físico da aula. – Domínio do uso de técnicas que valorizem e incentivem a participação dos alunos: aula expositiva dialogada, diferentes dinâmicas de grupos, domínio do uso de métodos ativos, capacidade de diálogo com o aluno, disponibilidade para responder a perguntas.	– Pesquisa, atualização e abertura para a interdisciplinaridade. – Acolhimento dos alunos em aula: aproximação e contato com os alunos, com seus interesses e expectativas; – Motivação dos alunos para se envolver com a disciplina. – Criação de clima de participação, parceria e corresponsabilidade na construção e realização de um plano de trabalho. – Diálogo, respeito, confiança na capacidade do aluno de aprender. – Desenvolvimento da autoestima do aluno. – Valorização da profissão escolhida pelo aluno e incentivo à sua responsabilidade social no exercício dela.

Professor parceiro do aluno na construção do conhecimento

Conhecimentos	Habilidades	Atitudes
– Todos os conhecimentos abordados no primeiro exemplo mais compreensão da abordagem construtivista, do conceito de aprendizagem significativa e da aprendizagem colaborativa.	– Domínio do uso de técnicas que valorizem e incentivem a participação dos alunos para buscar informações, registrar e documentá-las (individualmente), trazê-las para o espaço de aula para trocá-las com os outros colegas, apresentar dúvidas e perguntas, tentar resolvê-las com os colegas ou com o professor, debatê-las, redigir pequenos textos individuais sintetizando as informações e expressando sua compreensão dos conceitos, das teorias, dos assuntos propostos, compará-los com os textos dos colegas, talvez rever sua compreensão e debatê-la com todos. – Domínio de organização e redação de textos discursivos, resultado de leituras, debates e tomada de posição sobre a compreensão de temas e assuntos estudados.	– Domínio dos conhecimentos de sua área específica, com atitudes de pesquisa, atualização e abertura para a interdisciplinaridade. – Motivação e proatividade dos alunos para construir os conhecimentos necessários à sua formação. – Desenvolvimento da autoestima do aluno que é capaz de trabalhar com sua inteligência e aprender, não se limitando a repetir o que o professor ensina. – Despertar da valorização da aprendizagem colaborativa, com apoio dos colegas e do professor. – Criação de um clima de participação, parceria e corresponsabilidade na construção do conhecimento.

O professor e a aprendizagem de habilidades e atitudes pelos alunos, para além da aprendizagem dos conteúdos.

Conhecimentos	Habilidades	Atitudes
– Conhecimento do projeto pedagógico e do currículo do curso. – Conhecimento das Diretrizes Curriculares Nacionais para o curso de graduação. – Conhecimento do perfil do egresso do curso e da instituição onde trabalha. – Conhecimento teórico e prático da profissão para a qual o curso está voltado hoje. – Identificação de habilidades e atitudes próprias de qualquer carreira profissional (pesquisar, trabalhar em equipe, atuar com ética etc.) e aquelas específicas da profissão na qual o aluno está se formando. – Compreensão da integração de sua disciplina com as demais, com o currículo do curso e com o projeto pedagógico. – Conhecimento da aprendizagem como um processo de desenvolvimento de todas as dimensões da pessoa e do profissional: cognitiva, afetivo-emocional, habilidades e atitudes.	– Domínio prático das habilidades identificadas como comuns a todos os profissionais e daquelas específicas da profissão procurada pelo aluno. – Domínio do uso dos laboratórios e demais espaços de aulas práticas na universidade. – Exploração dos ambientes profissionais para aprendizagem dos alunos. – Proposição de estudos de caso e resolução de problemas que demonstrem as habilidades dos alunos e as atitudes deles esperadas. – Demonstração, aos alunos no exercício das atividades, da equidade entre aprendizagem de conhecimentos, habilidades e atitudes.	– Valorização do processo de aprendizagem no ensino superior na sua totalidade, e não apenas em seu aspecto cognitivo de informações e práticas profissionais. – Valorização de atividades que busquem ajudar o aluno a desenvolver habilidades e atitudes em seu processo de formação. – Demonstração, aos alunos no exercício das atividades, da equidade entre aprendizagem de conhecimentos, habilidades e atitudes.

Tempo planejado para o desenvolvimento do processo de aprendizagem

As etapas de sensibilização e seleção das situações profissionais foram realizadas num período de três semanas, considerando-se sempre os encontros presenciais semanais, que foram três, com três horas cada um, tendo as demais horas necessárias sido completadas com o recurso das TDICs.

A etapa de aprendizagem para as três primeiras situações profissionais exigiu seis semanas, nas mesmas condições antes mencionadas.

As demais quatro situações profissionais docentes selecionadas foram trabalhadas do mesmo modo que as três primeiras, num espaço de seis semanas (nas mesmas condições que as do primeiro grupo), mas com uma adaptação: constituímos quatro grupos com três participantes cada, pois havia quatro situações a ser estudadas.

Lembro que nosso curso estava programado para durar 15 semanas.

NOSSO COMENTÁRIO AO FINAL DO CURSO

- O planejamento e a realização desse curso de formação pedagógica para docentes do ensino superior procuraram viabilizar a aprendizagem por competências, como entendida e apresentada no Capítulo 4 deste livro.
- O curso permitiu identificar situações profissionais reais da docência universitária, compreender seus contextos e realizar um diagnóstico da situação que exigia uma resposta para seu encaminhamento.
- Na elaboração do plano de intervenção, buscou-se um agir com eficácia, mobilizando adequadamente e com sinergia: recursos cognitivos (conhecimentos gerais e específicos para cada situação selecionada), comportamentais e atitudinais; habilidades técnicas, capacidade de análise, comparação e síntese; ação em equipe interdisciplinar; atitudes de relacionamento interpessoal, diálogo, comunicação, crítica;

Trilhas abertas na universidade

proatividade, iniciativa, avaliação de experiências anteriores profissionais e pessoais, autocrítica, apropriação de novos recursos, uma vez que em todas as situações profissionais docentes seu encaminhamento exigia conhecimento e prática de metodologias ativas que precisavam ser estudadas, conhecidas e postas em ação. A mobilização de recursos aconteceu explicitamente durante as atividades desenvolvidas. Em consequência, a ação foi eficiente e eficaz no encaminhamento da situação profissional docente selecionada, e a aprendizagem por competência se realizou para os diversos grupos.

Onde encontramos os maiores desafios? Em três momentos da realização deste curso:

a   Ao sensibilizar os participantes para que aceitassem o desafio de construir, junto com o professor, um curso totalmente novo para formação pedagógica de docentes do ensino superior: insegurança diante do novo, certa resistência com relação à proposta de aprender por competência devido aos diferentes conceitos sobre o conceito que o grupo trazia e, novamente, insegurança de se colocar como protagonistas diante de uma problemática de docência universitária que eles deveriam encaminhar adequadamente não dispondo ainda de todos os requisitos para tal.

b   Ao orientar e dar *feedback* aos alunos de forma contínua, auxiliando-os a aprender tudo de que precisavam para diagnosticar a situação profissional em todo seu contexto e elaborar o caminho para seu encaminhamento eficaz, explorando os diferentes recursos presenciais e a distância. Foi muito importante o domínio de conhecimentos teóricos do coordenador do curso com relação ao conceito de aprendizagem por competência e de um profissional competente para orientação dos grupos. Quando iniciamos esse curso, dialogamos claramente com os alunos sobre o desafio que estávamos assumindo.

c   Ao planejar e socializar os encaminhamentos encontrados para cada uma das situações estudadas e de intercâmbios das aprendizagens adquiridas. Com efeito, como cada grupo havia realizado sua formação como professor competente em situações diferentes de docência, a turma como um todo dispunha de muitas informações, dados e experiências relativos à sua situação de docência escolhida.

Nossa avaliação é a de que o desafio foi assumido pelo grupo de alunos e professor e levado a bom termo, com adaptações que se fizeram necessárias durante o percurso da formação e certamente estarão presentes em todos os projetos que se desenvolverem.

Referências bibliográficas

PERRENOUD, P. *Desenvolver competências ou ensinar saberes?* Porto Alegre: Penso, 2013.

PERRENOUD, P. *et al. As competências para ensinar no século XXI.* Porto Alegre: Artmed, 2002.

ROLDÃO, M. do C. "O lugar das competências no currículo – ou o currículo enquanto lugar das competências". *Educação Matemática e Pesquisa,* v. 11, n. 3, 2009.

SACRISTÁN, J. G. *Educar por competências – O que há de novo?* Porto Alegre: Artmed, 2011.

SANTOS, W. S. "Organização curricular baseada em competência na educação médica". *Revista Brasileira de Educação Médica,* v. 35, n. 1, 2011, p. 86-92.

ZABALZA, M. A. *O estágio e as práticas em contextos profissionais na formação universitária.* São Paulo: Cortez, 2014.

Leitura complementar

FERNANDES, M. A. M; DURÃO, J. B. F; FONSECA, A. M. L. P. da. "Educação em Enfermagem baseada em competências – Revisão da literatura". *Revista de Enfermagem da UFPE* [on-line], v. 5, n. 2 (esp.), mar.-abr. 2011.

GAETA, C.; MASETTO, M. T. *O professor iniciante no ensino superior: aprender, atuar e inovar.* São Paulo: Senac, 2013.

HARGREAVES, A. *O ensino na sociedade do conhecimento.* Porto Alegre: Artmed, 2004.

IMBERNÓN, F. *Inovar o ensino e a aprendizagem na universidade.* São Paulo: Cortez, 2012.

Trilhas abertas na universidade

Lemov, D. *Aula nota 10*. São Paulo: Fundação Lemann, 2011.

Lowman, J. *Dominando as técnicas de ensino*. São Paulo: Atlas, 2004.

Masetto, M. T. *O professor na hora da verdade – A prática docente no ensino superior*. São Paulo: Avercamp, 2010.

_____. *Competência pedagógica do professor universitário*. 3. ed. São Paulo: Summus, 2012.

_____. *Desafios para a docência universitária na contemporaneidade – Professor-aluno em interação adulta*. São Paulo: Avercamp, 2015.

Masetto, M. T. (org.). *Ensino de Engenharia: técnicas para otimização das aulas*. São Paulo: Avercamp, 2007.

Moran, J. M.; Masetto, M. T.; Behrens, M. *Novas tecnologias e mediação pedagógica*. 21. ed. Campinas: Papirus, 2013.

PARTE III
INOVAR A PRÁTICA PEDAGÓGICA UNIVERSITÁRIA COM SIGNIFICADO

10 O QUE SÃO METODOLOGIAS ATIVAS E COMO TRABALHAR COM ELAS EM CURSOS DE GRADUAÇÃO

EM CONGRESSOS NACIONAIS e internacionais, os temas de inovação e metodologias ativas, em geral, são associados a *problem based learning* (PBL), sistemas tutoriais, laboratórios de simulação, novas tecnologias de informação e comunicação (NTIC), *peer instruction*, ensino híbrido, *perestroika* (*experience learning*), *team based learning* (TBL), *project based learning*, movimento *maker* e outros.

Propostas curriculares inovadoras e publicações sobre esses projetos dão grande ênfase às metodologias ativas, apresentadas inclusive com outros nomes.

Assim, parece fundamental esclarecer *o que entendemos por metodologias ativas. São técnicas, métodos, recursos e estratégias que, pensadas como instrumentos adaptados aos diferentes objetivos de aprendizagem, provocam e incentivam a proatividade e a autonomia dos alunos perante sua formação.*

As metodologias ativas colaboram para o desenvolvimento do processo de aprendizagem tanto em seu aspecto individual como na proposta de aprendizagem colaborativa em situação grupal.

Permitem ação e trabalho nos diferentes espaços e ambientes de aprendizagem: salas de aula, biblioteca, laboratórios (de diversas especialidades), ambientes profissionais, ambientes virtuais e a distância.

São planejadas pelo professor em parceria com os alunos, provocando participação e postura ativa e crítica. Encaminham para resultados concretos de aprendizagem: produção de textos, resolução de problemas, atuação na prática, comunicação de trabalhos, relatórios de pesquisa, elaboração de projetos.

Destaque-se a característica de instrumentalidade, essencial quando se analisam as metodologias ativas. Técnicas, métodos e recursos para o desenvolvimento de um processo de aprendizagem só têm significado e valor quando usados como instrumentos para favorecer e incentivar o alcance e a consecução dos objetivos previstos.

A consequência imediata disso é que, como na formação de profissionais buscamos desenvolvimento de muitos e diferentes objetivos nas áreas do conhecimento, de habilidades e competências, do aspecto afetivo-emocional e de atitudes e valores, precisamos contar com um conjunto de metodologias adequadas e adaptadas para cada objetivo de formação pretendido.

Algumas metodologias favorecerão o desenvolvimento do conhecimento, outras colaborarão com o desempenho de habilidades, umas terceiras contribuirão para o desenvolvimento afetivo-emocional do profissional e outras promoverão a aprendizagem de atitudes e valores. Não será uma única modalidade metodológica – por mais interessante, dinâmica e atual que seja – que sozinha possa responder pela formação de um profissional.

A relação direta entre as metodologias ativas e os objetivos de formação do profissional garante sua eficácia.

No entanto, é fundamental que tais metodologias também se apresentem como instrumentos eficientes.

Um instrumento eficiente é aquele que, conhecido e usado segundo suas características e nas condições exigidas, permite que o objetivo seja alcançado. Vamos a um exemplo. Imaginemos um grupo de alunos em sala de aula com o qual pretendemos usar a técnica do debate para aprofundar o estudo de um tema. Essa técnica supõe um clima de participação de todos os estudantes. Caso esse grupo de alunos seja por demais tímido no seu conjunto, dificultando a participação, essa técnica não será eficiente, porque aplicada em uma situação inadequada para seu uso. Para o mesmo objetivo, outro método deverá ser escolhido e usado – como a técnica da complementação de frases, sua verbalização e posteriores comentários, que poderá iniciar um processo de participação oral de todos os alunos.

Consequência dessa reflexão: em sua formação pedagógica, o professor precisará adquirir o conhecimento e a prática do emprego de uma va-

Trilhas abertas na universidade

riedade de técnicas para cada objetivo a ser aprendido. Assim ele poderá escolher a mais adequada para cada uma de suas classes.

Essa competência do docente traz consigo outra relevância: a possibilidade de manter o envolvimento, o interesse e a participação dos alunos nas atividades pedagógicas, movidos pela variedade de técnicas e recursos de que o professor dispõe, superando a rotina do dia a dia da sala de aula e dos ambientes de aprendizagem.

No início deste capítulo, dissemos que as metodologias ativas, como instrumentos adaptados aos diferentes objetivos de aprendizagem, provocam e incentivam a proatividade e a autonomia dos alunos e os chamam à corresponsabilidade por sua formação, permitindo-lhes superar uma atitude de passividade e acomodação muito própria da cultura de nossos estudantes.

A atitude de protagonismo do aluno leva-o a procurar seu desenvolvimento na área cognitiva construindo conhecimento interdisciplinar com pesquisa, aprendendo a buscar as informações e a trabalhá-las em aula; a compreendê-las, organizá-las, compará-las e criticá-las; a descobrir seu significado e sua relevância para sua atividade profissional; e a contextualizar o conhecimento na realidade brasileira.

Na área de habilidades, o aluno procurará integrar teoria e prática em situações profissionais, resolver casos reais e simulados, elaborar projetos, treinar habilidades específicas, aprender em ambiente profissional, aplicando os conhecimentos teóricos, trazer práticas profissionais para estudo em sala de aula.

Na área de atitudes, seu desenvolvimento o levará a discutir valores presentes em decisões profissionais; a aprender a analisar as consequências destas para indivíduos, grupos e comunidade; a aprender em equipe e a valorizar o trabalho em equipe interdisciplinar e interprofissional; a guiar-se pela responsabilidade social; e a ser profissional competente e cidadão.

E a pergunta que fazemos é a seguinte: dispomos nós de metodologias ativas que consigam incentivar esse protagonismo *do aluno* diante de seu processo de formação profissional?

A título de exemplo, podemos citar algumas delas, as quais detalharemos nos próximos capítulos: painel integrado, grupos formulando perguntas, estágio e visitas técnicas ressignificadas, aula invertida, estudo de caso incentivando pesquisa e aprendizagem, elaboração de projetos, ensino com pesquisa, seminário em seu sentido original, tecnologias digitais de informação e comunicação (TDIC).

Se, de um lado, o uso de metodologias ativas pode (e deve) mudar as atitudes do aluno no ensino superior, de outro, como vimos, elas são planejadas pelo professor em parceria com os alunos, o que demandará uma *mudança* também na *atitude do docente* diante do processo de formação profissional dos alunos: *uma atitude de mediação pedagógica*. Vejamos alguns aspectos desta:

- o professor assumindo atitude de parceiro do aluno na construção da aprendizagem e corresponsável pelo processo de sua formação profissional, colocando-se como facilitador, incentivador ou motivador da aprendizagem;
- apresentando-se com a disposição de ser uma ponte entre o aprendiz e sua aprendizagem;
- ativamente colaborando para que o aprendiz chegue aos objetivos de sua formação profissional;
- garantindo a dinâmica do processo de aprendizagem;
- propondo situações-problema e desafios, com questões éticas, sociais, profissionais;
- manifestando disponibilidade para colaborar com a superação das dificuldades do aluno;
- criando um processo de acompanhamento deste em todo seu processo de aprendizagem, com *feedbacks* contínuos e imediatos, permitindo que o aluno se conscientize de seu crescimento profissional, de suas potencialidades na área escolhida e dos erros a ser corrigidos imediatamente.

Em síntese, a compreensão e uso de metodologias ativas carregam uma complexidade que nem sempre se leva em conta quando se discute o assunto. Há de se compreender o conceito de metodologias ativas, suas características, suas exigências, seu relacionamento com o desenvolvimento de uma atitude de protagonismo do aluno e de mediação pedagógica do professor. Tal compreensão nos levará a vislumbrar a *aula universitária* como um espaço e um tempo, no cenário de uma sociedade contemporânea, nos quais os *personagens* (professor e alunos) agem e interagem e, nesse intercurso de ações, *constroem* um processo de aprendizagem e de *formação profissional cidadã*.

Leitura complementar

ANASTASIOU, L.; ALVES, L. P. *Processos de ensinagem na universidade.* Joinville: Univille, 2003.

BACICH, L.; MORAN, J. M. (orgs.). *Metodologias ativas para uma educação inovadora: uma abordagem teórico-prática.* Porto Alegre: Penso, 2018.

BACICH, L.; TANZI NETO, A.; TREVISANI, F. de M. (orgs.). *Ensino híbrido – Personalização e tecnologia na educação.* Porto Alegre: Penso, 2015.

BAIN, K. *Lo que hacen los mejores profesores universitarios.* Valência: Ed. da Universitat de València, 2004.

BARBOZA, M. das G. A. *A aula universitária: coreografias de ensino.* Curitiba: CRV, 2015.

CASTANHO, S.; CASTANHO, M. E. (orgs.). *Temas e textos em metodologia do ensino superior.* Campinas: Papirus, 2001.

CEBRIÁN, M. (org.). *Enseñanza virtual para la innovación universitaria.* Madri: Narcea, 2003.

COHEN, E. G.; LOTAN, R. A. *Planejando o trabalho em grupo.* Porto Alegre: Penso, 2017.

DE LA TORRE, S. (org.). *Estrategias didácticas en el aula – Buscando la calidad y la innovación.* Madri: Uned, 2008.

GAETA, C.; MASETTO, M. T. *O professor iniciante no ensino superior: aprender, atuar e inovar.* São Paulo: Senac, 2013.

HARGREAVES, A. *O ensino na sociedade do conhecimento.* Porto Alegre: Artmed, 2004.

IMBERNÓN, F. *Inovar o ensino e a aprendizagem na universidade.* São Paulo: Cortez, 2012.

LEMOV, D. *Aula nota 10.* São Paulo: Fundação Lemann, 2011.

LOWMAN, J. *Dominando as técnicas de ensino.* São Paulo: Atlas, 2004.

MASETTO, M. T. *O professor na hora da verdade – A prática docente no ensino superior.* São Paulo: Avercamp, 2010.

_____. *Competência pedagógica do professor universitário.* 3. ed. São Paulo: Summus, 2012.

_____. *Desafios para a docência universitária na contemporaneidade – Professor-aluno em interação adulta.* São Paulo: Avercamp, 2015.

MASETTO, M. T. (org.). Ensino de Engenharia: técnicas para otimização das aulas. São Paulo: Avercamp, 2007.

MORAN, J. M.; MASETTO, M. T.; BEHRENS, M. *Novas tecnologias e mediação pedagógica.* 21. ed. Campinas: Papirus, 2013.

PALLOFF, R.; PRATT, K. *O aluno virtual.* Porto Alegre: Artmed, 2004.

SILVA, R. V. da; SILVA, A. V. da. *Educação, aprendizagem e tecnologia: um paradigma para professores do séc. XXI.* Lisboa: Sílabo, 2005.

TRINDADE, R. *Experiências educativas e situações de aprendizagem – Novas práticas pedagógicas.* São Paulo: Leya, 2011.

VEIGA, I. P. (org.). *Novas tramas para as técnicas de ensino e estudo.* Campinas: Papirus, 2013.

VEIGA, I. P.; CASTANHO, M. E. (orgs.). *Pedagogia universitária – A aula em foco.* Campinas: Papirus, 2000.

ZABALZA, M. A. *O estágio e as práticas em contextos profissionais na formação universitária.* São Paulo: Cortez, 2014.

ZANCHET, B. M. B; Griggi, G. (orgs.). *Práticas inovadoras na aula universitária: possibilidades, desafios e perspectivas.* São Luís: Edufma, 2009.

11 DIFERENTES CENÁRIOS DE APRENDIZAGEM NO ENSINO SUPERIOR

INTRODUÇÃO

A AULA UNIVERSITÁRIA se define como o lócus onde acontece a formação dos profissionais nos cursos de graduação. Em todas as universidades localizamos com facilidade "as salas de aula": espaço físico, as carteiras ou mesas de trabalho, lousas dos mais diferentes tipos e modalidades, equipamentos de tecnologias de informação e comunicação, telas e demais recursos atuais. Alunos ouvindo, professor falando e transmitindo seus conteúdos por um tempo de 50, 100 ou 150 minutos.

Como inovar a aula universitária com práticas pedagógicas significativas no ensino superior? Parece-nos entrever uma trilha de inovação, focalizando-a em seu aspecto fundamental: encontro entre professores e alunos trabalhando em busca de uma formação profissional, num cenário de aprendizagem.

Ao imaginarmos o cenário de uma peça teatral, por exemplo, o que surge em nossa mente? Um palco, cenários, luzes, móveis, tapetes, portas de entrada e de saída, ponto eletrônico, música gravada ou ao vivo, diretor, equipe de atores, atrizes que ensaiam a apresentação de seus papéis, entram e saem de cena, dramatizam, dialogam, discutem, choram, declamam, vivem seus papéis. Equipe de funcionários, locutores, texto escrito, memorizado, falado, dramatizado, ensaiado. Cenas diferentes umas das outras vão compondo uma trama de vida para os diversos personagens, compondo uma história.

Aproximando essa imagem de nossas aulas, obteremos aspectos que poderão dinamizá-las e inová-las. Vamos destacar os seguintes: protagonistas, grupo, equipe; intencionalidade; espaços, ambientes e situações; tempos; recursos, tecnologias; relações, interações,

Marcos T. Masetto

PROTAGONISTAS, GRUPO, EQUIPE

Numa aula, os protagonistas são professores, alunos, funcionários e instituições parceiras. Professores, no plural, porque nos referimos à equipe de professores de um curso que, ao dar uma aula, estão desenvolvendo um plano de disciplina integrado com as demais disciplinas que compõem, em seu todo, um projeto pedagógico responsável e comprometido com a formação dos alunos.

Na aula, o professor trará a colaboração de outros docentes que trabalham naquela disciplina e nas demais disciplinas do curso.

Os professores planejam as situações de aprendizagem, vivenciando uma atitude de mediação pedagógica, de parceria com os alunos nas atividades programadas e de corresponsabilidade pela formação dos profissionais.

Os alunos, individualmente responsáveis por e protagonistas de sua formação profissional, realizam-na com um processo de aprendizagem pessoal e colaborativo, valorizando a pesquisa interdisciplinar e o diálogo, integrando as tecnologias digitais de informação e comunicação na execução de suas atividades curriculares.

Os funcionários também são protagonistas em nossas aulas, já que atendem a professores e alunos nos setores de infraestrutura: secretarias, laboratórios, biblioteca, videoteca, setor de recursos audiovisuais, setores administrativos de locomoção, de limpeza e conservação. Sem eles, nossas aulas não funcionariam.

Também as instituições parceiras são protagonistas em nossas aulas se compreenderem seu papel de colaborar com a universidade visando desenvolver um processo de formação mais completo, mais abrangente e mais atual dos futuros profissionais, participando da construção e realização dos estágios e das diferentes práticas em contextos profissionais de formação, por meio de projetos de extensão universitária e/ou projetos comunitários, ambos curriculares. Ao se tornar protagonistas, deixam de ser meros lugares de exercício de práticas para se configurar como parceiras da formação.

Nosso cenário de aula universitária já se abriu com o envolvimento desses protagonistas.

INTENCIONALIDADE

Na aula universitária como cenário de aprendizagem, esses protagonistas não se encontram por acaso ou apenas em função de uma disciplina a ser ministrada. Eles aí se fazem presentes com uma intenção muito clara: colaborar com a formação de profissionais competentes e cidadãos que atendam às necessidades atuais da sociedade em que vão atuar.

Não é um programa de conteúdos de determinada disciplina que orienta e dirige a atuação dos docentes. O que define a intenção dos protagonistas, das disciplinas e das atividades curriculares são as Diretrizes Curriculares Nacionais (DCNs), o projeto pedagógico do curso da instituição de ensino superior e o perfil de egresso daquele curso. Essa mudança de foco e de intenção nas aulas faz toda diferença.

A trilha de inovação que aqui se apresenta é constatar que esses protagonistas só terão condições de realizar sua intenção se assumirem seus papéis não isoladamente, mas numa interação que os integre em múltiplas relações, criando uma atuação em equipe, um trabalho em conjunto no planejamento e na execução de suas aulas.

ESPAÇOS FÍSICOS, AMBIENTES VIRTUAIS E SITUAÇÕES PROFISSIONAIS

A aula universitária se apresenta como um "onde" acontece o processo de aprendizagem. Onde um professor e um aluno se encontrarem e dialogarem sobre questões de aprendizagem ou formação, teremos uma aula universitária. Nesse contexto, encontramos os elementos essenciais de uma aula: *diálogo sobre aprendizagem entre professor e aluno*.

Entretanto, esse "onde" normalmente envolve o grupo de alunos e o professor, que aprendem cooperativamente em encontro e convivência presencial pela realização de atividades como debates, pesquisa, exercícios, resolução de problemas, aplicação de conhecimentos teóricos em testes de laboratório, redação coletiva de textos. Assim, esse "onde" acontece o processo de aprendizagem diversifica-se em inúmeros espaços físicos da instituição de ensino, em ambientes virtuais e a distância e em situações profissionais reais ou simuladas.

São *espaços físicos* para encontro e convivência presencial de alunos e professores: a sala de aula, a biblioteca, a videoteca, os laboratórios específicos para cada curso de graduação e suas especialidades.

Chamamos, porém, a atenção deles para um uso diferenciado do comum: são espaços de trabalho e atividade do professor e do aluno, que atuam conjuntamente. Neles, as atividades são realizadas com metodologias ativas de participação e protagonismo do aluno; há dinâmicas de grupo, alunos pesquisam informações e as documentam com orientação do professor; trocam e debatem informações pesquisadas; diversas técnicas são usadas em substituição às antigas aulas expositivas para que os alunos aprendam por si mesmos e com os colegas. Há uma preocupação de variar os espaços de aprendizagem e explorar o maior número deles com técnicas inovadoras.

Já os *ambientes virtuais* de aprendizagem se referem aos recursos das tecnologias digitais de informação e comunicação (TDIC) – computador, sites, plataformas (Moodle, Blackboard, Teleduc etc.), celulares, tablets, WhatsApp e e-mails –, que facilitam e incentivam a rápida comunicação entre alunos e professor em atividades de pesquisa. Além disso, temos os recursos digitais que permitem produção de textos e hipertextos em computador, e-mails, chats, fóruns de discussão, teleconferência e videoconferência. Todos eles incentivavam a autoaprendizagem, a interaprendizagem e a autonomia no aprender.

Mesmo que os protagonistas estejam fisicamente em locais diferentes e distantes uns dos outros, tais ambientes virtuais de aprendizagem permitem que eles se comuniquem e aprendam, inclusive experienciando ambientes profissionais que podem apresentar dificuldade de acesso ou até mesmo perigo.

Tais recursos, integrados à aprendizagem, incentivam o processo de formação dos alunos, desde que aprendamos a usá-los como recursos de aprendizagem, o que é sinal e trilha de inovação. Esse tema é de tal rele-

Trilhas abertas na universidade

vância e complexidade que nos ocupará mais adiante neste livro, no Capítulo 13.

As *situações profissionais* de aprendizagem e formação chegam até os professores na forma de estágios e visitas técnicas, os quais são pouco utilizados. Os estágios porque quase sempre ficam sob a coordenação de um professor coordenador de estágios; as visitas técnicas porque vêm carregadas de entraves burocráticos.

Estágios e visitas técnicas merecem um aprofundamento curricular e metodológico que lhes restitua lugar de destaque na formação dos profissionais. Esse não é, porém, o objetivo deste capítulo.

O que pretendemos, então?

Acreditamos que todos os professores estão conscientes de que o contato do aluno com situações profissionais é essencial para sua formação. Porém, os docentes não encontram caminhos viáveis para sua realização. Algumas experiências procuraram abrir alternativas – como visitas técnicas realizadas pelos alunos individualmente nos locais em que trabalham.

Orientados pelo professor, os alunos identificam situações de seus trabalhos em que podem aplicar os conhecimentos adquiridos nas aulas. Junto com o professor e os colegas, aprendem a analisar o próprio trabalho, preparando um roteiro que os ajude nessa observação e nos registros que deverão produzir sobre o que for observado. Se houver necessidade de entrevista com colegas de trabalho e/ou responsáveis pelo setor, o roteiro dela também será preparado coletivamente. Caso se entenda que um *checklist* ajude na observação, constrói-se coletivamente este e outros instrumentos que sejam necessários.

Antes da visita técnica, os alunos devem ser orientados a prepará-la. Primeiro, construindo os instrumentos necessários para a coleta de informações por meio da observação e de entrevistas. Em seguida, preparando os respectivos registros para documentar a visita e compartilhar os dados obtidos com os colegas em sala de aula.

Com isso, podemos trazer as situações profissionais para dentro das nossas aulas, incentivando a aprendizagem dos alunos e inovando os tipos de visita técnica.

Marcos T. Masetto

Outra modalidade de realizar visitas técnicas é explorar o ambiente virtual. Há situações profissionais que podem implicar riscos ou problemas como distância física ou dificuldade de acesso. Um vídeo pode trazê-las para nossos ambientes virtuais de aprendizagem e ali elas serão exploradas e estudadas – desde que todos os cuidados de preparação, realização e discussão das situações profissionais no espaço físico das aulas presenciais sejam mantidos e realizados com relação à exploração de vídeos, documentários, curtas, fotos etc.

Essas inovações no espaço das "aulas" se apresentam como cenários "onde" o processo de aprendizagem se realiza de forma nova e provocativa, engajando o aluno em seu processo de formação. Sem dúvida, não poderão se constituir em atividades isoladas; precisam estar integrados ao currículo, às demais atividades da(s) disciplina(s), uma vez que permitem e incentivam também uma realização interdisciplinar.

TEMPOS

Na imagem de nosso cenário teatral, vislumbramos as cenas que nele se desenrolam, encadeando-se por fatos, acontecimentos e assuntos que, sucedendo-se, integram-se e constroem uma história ou um tema. Cada cena tem um objetivo próprio e se desenrola num tempo que lhe permita representá-lo.

O mesmo acontece em nossas aulas: cada uma delas tem objetivos de aprendizagem a ser alcançados pelos alunos num tempo que garanta a realização desse processo. O problema, porém, é que nossas aulas não são organizadas por objetivos de formação, mas por assuntos a ser transmitidos aos alunos em 50, 100 ou 150 minutos determinados pela organização administrativa das IES.

Tal situação exige uma grande inovação: novos aspectos da formação profissional precisam ser desenvolvidos (já o vimos), planejados de forma integrada e adaptados a tempos que, distribuídos pelo semestre, permitam sua aprendizagem. Tempos que favoreçam o alcance desses objetivos por meio de conteúdos, metodologias e atividades realizados dentro do tempo de aula e fora dela, e também em um processo de avaliação integrado. Tempos que exigem uma nova modalidade de organização: não por minutos padronizados, mas por unidades de aprendizagem que terão tempos diferenciados de acordo com seus objetivos.

Uma *unidade de aprendizagem* permite planejar o desenvolvimento de objetivos educacionais relacionados a temáticas mais abrangentes e integradoras de conteúdos, com técnicas que incentivam a participação do aluno dentro e fora da sala de aula, bem como a busca e o tratamento das informações e sua aplicação na resolução de casos ou problemas, em visitas técnicas, em contato com profissionais e no *feedback* contínuo de avaliação.

Sem dúvida, essa inovação na consideração do tempo-aula tem grande relevância, de modo que a aprofundaremos no Capítulo 18.

RECURSOS E TECNOLOGIAS

Diante de um cenário teatral, saltam aos nossos olhos os recursos e tecnologias que permitem aos protagonistas realizar seus papéis. O mesmo podemos dizer a respeito da aula universitária. A afirmação de que para ser um bom professor é suficiente dominar conhecimentos e um pouco de oratória para "dar aulas" já está ultrapassada.

Reconhece-se a relevância do uso de estratégias, técnicas, métodos e recursos que auxiliem professor e alunos no ensino superior a desenvolver um processo de formação. Nos últimos 50 anos, vem crescendo significativamente o número de docentes universitários que procuram uma formação didática que lhes permita conhecer e aplicar as metodologias ativas em suas aulas, superando as aulas expositivas na modalidade de monólogos.

No capítulo anterior, quando dialogamos sobre metodologias ativas, detalhamos como integrar os recursos e tecnologias nos cenários de aprendizagem.

Marcos T. Masetto

RELAÇÕES, INTERAÇÕES

Voltando à nossa peça teatral imaginada, sabemos que seus protagonistas (diretor, atores, equipe de funcionários) representam uma história, um acontecimento, um drama, uma comédia – sempre relacionados à vida real das pessoas, das comunidades, das nações, da humanidade. Nossa aula universitária também constrói uma história real, pessoal e coletiva daqueles que nela se encontram, e talvez esse seja o ponto mais significativo e importante nessa nossa comparação.

Com efeito, se considerarmos professores e alunos vivenciando seus papéis – respectivamente, de mediação pedagógica e de protagonista de seu processo de aprendizagem –, assumindo o desafio de compreender, planejar e implantar as interações e a integração entre protagonistas, a intencionalidade, os espaços e ambientes, as situações, os tempos, recursos e tecnologias em busca dos objetivos de formação pessoal e profissional, certamente vislumbraremos uma nova aula universitária.

Quando os alunos percebem que as aulas lhes permitem estudar, discutir e encontrar pistas e/ou encaminhamentos para problemas e questões presentes na sua vida e na vida dos demais indivíduos que constituem seu grupo social; quando encontram nos seus estudos a realidade e sentem que podem sair da sala de aula e voltar àquela mesma realidade muito mais preparados, esse espaço torna-se extremamente significativo.

Quando professores e alunos podem planejar conjuntamente a disciplina, trazer experiências, vivências, conhecimentos, interesses e problemas, bem como análises das questões para ser debatidas, cria-se nesse relacionamento uma inovação que valoriza os aprendizes, suas ações participativas, o trabalho em equipe, a explicitação de necessidades e expectativas, o clima de sala de aula participativo e de confiança.

Essa "com-vivência" permite o desenvolvimento da maturidade, da autonomia dos aprendizes, da parceria e da corresponsabilidade no processo de aprendizagem. No caso do professor, será um convite para que "saia de trás da mesa" e venha sentar-se junto com os alunos, pesquisando e construindo o conhecimento.

Trilhas abertas na universidade

Pesquisas afirmam (e o leitor pode testá-las em si mesmo) que os professores que nos marcaram para o resto da vida, além de ser competentes em suas áreas de conhecimento, foram aqueles que:

- incentivaram a pesquisa;
- abriram nossa mente para outros campos, outras ciências, outras visões de mundo;
- ajudaram-nos a aprender a ser críticos, criativos, exploradores da imaginação;
- manifestaram respeito, interesse e preocupação pelos alunos;
- mostraram disponibilidade de atendê-los, resolver-lhes as dúvidas, orientá-los em decisões profissionais;
- demonstraram honestidade intelectual, coerência entre o discurso de aula e sua ação, amizade.

Trata-se de aspectos que constroem uma relação de respeito e aprendizado entre professores e alunos e nos marcam positivamente vida afora.

Substituir os termos "aula" e "sala de aula" – absolutamente tradicionais e delimitados em seus usos e costumes – por "cenários de aprendizagem" no título deste capítulo foi o caminho que encontramos para explorar, resgatar, reviver em novos contextos e inovar o encontro pessoal e profissional entre professores e alunos na construção da vida de cada um, de sua educação, de sua profissionalidade e de sua cidadania como resultado das "aulas vivas".

Leitura complementar

ANASTASIOU, L.; ALVES, L. P. *Processos de ensinagem na universidade*. Joinville: Univille, 2003.

BACICH, L.; MORAN, J. M. (orgs.). *Metodologias ativas para uma educação inovadora: uma abordagem teórico-prática*. Porto Alegre: Penso, 2018.

BACICH, L.; TANZI NETO, A.; TREVISANI, F. de M. (orgs.). *Ensino híbrido – Personalização e tecnologia na educação*. Porto Alegre: Penso, 2015.

Marcos T. Masetto

BAIN, K. *Lo que hacen los mejores profesores universitarios*. Valência: Ed. da Universitat de València, 2004.

BARBOZA, M. das G. A. *A aula universitária: coreografias de ensino*. Curitiba: CRV, 2015.

GAETA, C.; MASETTO, M. T. *O professor iniciante no ensino superior: aprender, atuar e inovar*. São Paulo: Senac, 2013.

IMBERNÓN, F. *Inovar o ensino e a aprendizagem na universidade*. São Paulo: Cortez, 2012.

MASETTO, M. T. *O professor na hora da verdade – A prática docente no ensino superior*. São Paulo: Avercamp, 2010.

_____. *Competência pedagógica do professor universitário*. 3. ed. São Paulo: Summus, 2012a.

_____. "Docência universitária: repensando a aula". In: TEODORO, A.; VASCONCELOS, M. L. (orgs.). *Ensinar e aprender no ensino superior*. 3. ed. São Paulo: Cortez/Ed. do Mackenzie, 2012b.

_____. *Desafios para a docência universitária na contemporaneidade – Professor-aluno em interação adulta*. São Paulo: Avercamp, 2015.

MORAN, J. M.; MASETTO, M. T.; BEHRENS, M. *Novas tecnologias e mediação pedagógica*. 21. ed. Campinas: Papirus, 2013.

PALLOFF, R.; PRATT, K. *O aluno virtual*. Porto Alegre: Artmed, 2004.

SILVA, R. V. da; SILVA, A. V. da. *Educação, aprendizagem e tecnologia: um paradigma para professores do séc. XXI*. Lisboa: Sílabo, 2005.

VEIGA, I. P.; CASTANHO, M. E. (orgs.). *Pedagogia universitária – A aula em foco*. Campinas: Papirus, 2000.

12 PROFESSOR E ALUNO EM INTERAÇÃO ADULTA (ANDRAGOGIA) NOS CENÁRIOS DE APRENDIZAGEM NO ENSINO SUPERIOR

INTRODUÇÃO

Na busca de uma prática pedagógica universitária com significado, tendo refletido nos capítulos anteriores sobre metodologias ativas e aula universitária sob o prisma de cenários de aprendizagem no ensino superior, percebemos que um aspecto que fundamenta essas propostas é a relação que se estabelece entre professores e alunos no processo de formação profissional diferenciada do modelo tradicional.

Se nos referimos anteriormente ao papel de protagonistas de professores e alunos no processo de aprendizagem, com características de parceria e corresponsabilidade, deixamos entrever que a relação que se preconiza entre eles se reveste de uma dimensão de relacionamento entre adultos, ou seja, andragógico.

Tal relação pretende superar aquela em geral encontrada na universidade entre o "adulto" (professor) e o "adolescente ainda irresponsável e imaturo" (o aluno) – o qual precisa ser controlado com muita disciplina, cumprindo todas as determinações do professor sem precisar saber "os porquês do que estuda". Essa relação certamente não permitirá ao aluno ser protagonista de sua formação.

A relação andragógica se estabelece entre duas pessoas que estão interessadas em alcançar objetivos comuns e poderão consegui-lo mais facilmente se trabalharem em conjunto, com respeito mútuo e diálogo, integrando forças de modo corresponsável e parceiro. Tal relação poderá

Marcos T. Masetto

acelerar o processo de maturidade dos alunos permitindo-lhes evoluir melhor em direção à idade adulta.

A implementação desse tipo de relacionamento supõe relembrar os princípios básicos de aprendizagem das pessoas adultas.

Na década de 1980, diversos pesquisadores – como Brookfield (1986), Eble (1988), Knox (1987) e Lenz (1982) – procuraram identificar as características de aprendizagem do adulto. A nosso ver, Lenz (1982) assim sintetiza com clareza o pensamento desses autores:

a na educação de adultos o processo de aprendizagem se faz por meio da troca de ideias, informações e habilidades, e está intimamente associado à experiência;

b cada experiência pessoal é única e enfatiza a individualidade;

c uma relação entre adultos chama os sujeitos (professor e aluno) para uma ativa participação, na qual os ganhos serão proporcionais aos investimentos realizados pelos participantes;

d a busca de significado é fundamental para toda aprendizagem, especialmente para adultos, que devem estar capacitados para apreendê-lo na sobrecarga de informações à qual estão constantemente expostos;

e a aprendizagem do adulto é favorecida pela interdisciplinaridade e multidisciplinaridade, que o ajudam a superar a fragmentação na análise e consideração do fenômeno.

Para os adultos, a aprendizagem acontece durante a vida toda e está intimamente associada às experiências que tanto podem ser uma ajuda como um obstáculo para a aprendizagem. Aprendem melhor quando podem controlar os passos de sua aprendizagem, num desenvolvimento de atitude de autonomia, com feedbacks regulares em direção ao progresso.

É interessante perceber que esses pesquisadores salientam o fato de que os adultos se entregam mais facilmente ao processo de aprendizagem de algo novo quando sentem carência e falta desse novo na vida pessoal ou profissional – ou quando percebem a inadequação dos atuais comportamentos.

Mais recentemente, ao tecer considerações sobre os protagonistas do ensino universitário, Zabalza (2004, p. 187-88) comenta:

> Os alunos ingressam na universidade com alguns interesses profissionais definidos. Ou seja, por serem clientes, fazem certas exigências específicas à instituição. Isso leva a universidade a ampliar e a diversificar a oferta da formação, de maneira que se adapte melhor às expectativas diferenciadas dos alunos.
>
> Uma das prerrogativas dos adultos é que eles "sabem o que querem", ou seja, eles têm o direito de seguir o seu próprio caminho, de traçar um projeto de vida, o que nem sempre acontece com as universidades.
>
> [...]
>
> Levar em conta a condição de "adultos" dos estudantes serviu como ponto de partida importante para inovações significativas na universidade, tanto em relação a aspectos estruturais (participação nos diversos níveis de decisão; distribuição de espaços e horários; chance de optar por um currículo formativo melhor [sic] adaptado às suas condições etc.) como metodológicos (professor orientador; ensino a distância; reconhecimento de know-how e experiências adquiridas fora da universidade etc.).

A pergunta imediata que surge certamente em nossos leitores é esta: como *criar esse relacionamento entre adultos* em nossas aulas de ensino superior?

Algumas pistas poderão indicar uma possível resposta.

PROMOVER A PARTICIPAÇÃO DOS ALUNOS EM DIVERSOS MOMENTOS E SITUAÇÕES DE AULA

A título de exemplo, pensemos no início de qualquer disciplina: como desenvolver uma relação entre adultos? Costumamos pensar em primeiro lugar em nossa disciplina e em seu programa a ser cumprido. Por isso, nosso primeiro movimento no início de um curso é distribuir o programa da disciplina aos alunos e iniciar imediatamente as aulas com o primeiro ponto, para não perder tempo.

E se mudássemos essa prioridade e nos propuséssemos a pensar em primeiro lugar em nossos alunos, planejando um primeiro encontro com eles a fim de iniciar um relacionamento entre adultos? Tal plano seria composto pelas etapas que explicitaremos a seguir.

Acolhimento

No início de um processo de aprendizagem, cabe ao professor tomar a iniciativa: organizar a disposição física das carteiras em semicírculos e receber os alunos com um cumprimento e um convite para que escolham seus lugares.

Na sequência, ele se apresenta aos alunos com um mínimo de informações a seu respeito: nome, formação acadêmica que justifica estar na sala para ministrar aquela disciplina e imediatamente, em estilo de diálogo, instiga os alunos a responder por que as carteiras estão organizadas em semicírculos e a que serve tal organização. Não esperemos uma avalanche de respostas... Os estudantes não estão acostumados a interagir dessa forma com um novo professor. Mas certamente surgirão comentários sobre facilitar a comunicação, o contato olho no olho e a participação. A estes, o professor acrescentará outros: facilitar o processo de aprendizagem, de atenção, de colaboração, de interação.

O docente comenta suas primeiras ideias sobre a aula: como fazer que ela funcione de forma interessante, dinâmica, participativa e significativa para os alunos. Em seguida, convida os alunos a se manifestar sobre essas ideias, provocando-os novamente para o diálogo. Lembro que é provável que as manifestações ainda sejam poucas e reticentes. Além da falta de costume, os alunos se sentem inseguros diante de um começo tão diferente de disciplina.

Vimos três iniciativas tomadas pelo professor para iniciar uma relação entre pessoas que se encontram naquele espaço com algum objetivo, que ainda não foi explicitado. Mas a aproximação entre docente e estudantes se

Trilhas abertas na universidade

iniciou com uma atitude de acolhimento destes e com algumas respostas participativas dos alunos, o que propiciou o começo de uma reciprocidade entre as ações de ambos.

Conhecimento

O professor continua com suas provocações, e agora convida a turma a se constituir como um grupo de aprendizagem. Abre-se um diálogo sobre a proposta: o que quer dizer criar um grupo? Como este se constrói e o que é essencial para que ele exista e funcione? Qual será sua utilidade? Os alunos, em diálogo, aceitam o convite e, respondendo às dúvidas e interrogações, discutem a necessidade de se conhecer e assumir objetivos comuns para formar um grupo.

O professor propõe uma técnica dinâmica que em poucos minutos permitirá um conhecimento melhor entre todos (a técnica da apresentação invertida). Imediatamente se formam duplas; seus componentes dialogam e anotam as informações. Decorridos os minutos combinados, passam a apresentar, em plenário, um ao outro a todos os colegas. Seria muito interessante que o professor também participasse fazendo dupla com um aluno. Os comentários finais sobre as características do grupo encerram essa etapa do conhecimento.

O professor deu um mote para a formação do grupo e, em seguida, propôs uma dinâmica de trabalho. Os alunos responderam ao convite do professor realizando a técnica sugerida, com participação ativa de fala, de anotação, de manifestação em público e nos comentários finais.

Alguns professores alegariam que a técnica sugerida funciona muito bem com turmas de 40 a 50 alunos, mas não num grupo maior.

É verdade, como é verdade também que ela não serviria para uma turma que, excepcionalmente, fosse completamente tímida e sem abertura para a comunicação. Em ambos os casos, essa fase do conhecimento do grupo precisaria ser trabalhada com outras técnicas que facilitassem a interação entre o professor e os alunos – como a de desenho em grupo ou a das frases incompletas (Masetto, 2010).

Nessa etapa, o protagonismo do professor se faz presente de forma mais explícita e forte, pois estamos num momento de abrir as perspectivas dos alunos para a importância e o significado da disciplina para sua formação profissional. E quem tem as informações mais completas para motivar os alunos é o próprio professor. Ele conhece a relação da disciplina com as demais que integram o currículo de formação e com as que serão lecionadas concomitantemente à sua. Também compreende os pontos e eixos mais relevantes dos conteúdos e das habilidades que são imprescindíveis para o exercício da profissão e poderão ser aprendidos durante a disciplina. Além disso, identifica os temas mais atuais e inovadores da área. E, por fim, sabe que a sequência dos itens de conteúdo apresentada no programa da disciplina não é, em geral, a mais motivadora para despertar o interesse dos alunos.

No entanto, no clima de construção de um processo de aprendizagem em conjunto com os alunos, numa relação entre adultos, não faz sentido que ele tome a iniciativa e derrame sobre os estudantes todas essas informações de uma só vez. Com uma técnica de *brainstorming*, pela qual o professor inicia ouvindo os alunos sobre o que eles têm a dizer sobre a disciplina, o que ouviram sobre ela, que importância ela tem (ou não) para eles, como será útil no exercício de sua profissão, que assuntos ela pode abordar etc., ele poderá perceber o nível de conhecimento ou desconhecimento, interesse ou desinteresse dos alunos com relação à disciplina. Com base nessa realidade, começa a conversar com eles sobre a importância e o significado da disciplina. O professor, porque professor, sabe da relevância desta. O aluno está ali para conhecer essa relevância e se dispor a estudar.

Por isso, não poderemos esperar dos estudantes grandes e sábias respostas sobre nossa disciplina, nem pensar que, porque para nós ela é muito importante, também o é para aqueles que acabam de entrar em contato com ela.

Como professores, precisamos conquistar nossos alunos, ajudá-los a descobrir o significado e o valor da disciplina e de sua aprendizagem. Com esse objetivo, vários docentes preferem, nesse momento, apresentar um vídeo de um a dois minutos que faça essa apresentação atual e relevante da

Trilhas abertas na universidade

disciplina e dos seus temas, ou trazer projetos modernos que estão se realizando com a contribuição dela.

Nessa etapa, a reciprocidade na relação entre adultos também está presente, mas exige uma proatividade maior do professor, sem dispensar a participação do aluno na expressão de como ele vê a disciplina naquele momento – e de como ela poderá ser percebida após as informações do professor.

Elaboração do programa de trabalho e compromissos com sua realização

São esses dois aspectos marcantes de uma relação entre adultos que conseguem, juntos, elaborar um programa de trabalho por um semestre para atingir os objetivos de aprender uma disciplina e assumir compromissos para sua realização.

A elaboração do programa de trabalho surge dos seguintes passos: diálogos entre professor e alunos durante o primeiro encontro para valorizar a disciplina e os objetivos de aprendizagem, os temas a ser estudados, como serão as aulas do ponto de vista das metodologias e do processo de avaliação. Todos são convidados a refletir durante a semana sobre as anotações desse primeiro dia realizadas por professor e alunos. Além disso, o professor se compromete a providenciar, para a próxima aula, uma organização do que foi discutido para encaminhar um programa de trabalho. No segundo encontro, há um diálogo com todos os alunos – inclusive os que tiverem faltado ao primeiro – sobre o programa de trabalho que será assumido por todos. Fica evidente a participação intensa dos sujeitos na elaboração de tal programa.

Pode-se dizer que compromissos foram firmados para a realização e a implantação do programa de trabalho, compromissos esses que exigem corresponsabilidade, parceria e participação ativa de todos, explicitando o protagonismo de professor e alunos em seu processo de formação.

VALORIZAR A EXPERIÊNCIA E A CONTRIBUIÇÃO DOS PARTICIPANTES

Para os adultos, a aprendizagem está intimamente associada à experiência, à vida. A consideração e a valorização dos conhecimentos e vivências prévios desenvolvem a autoconfiança do aprendiz e abrem caminhos para posições mais conscientes, ousadas e desafiadoras.

Os temas curriculares e os tópicos a ser discutidos deverão levar em conta a experiência dos adultos, Além disso, é preciso explicitar claramente as conexões existentes entre conceitos não familiares ou um novo conjunto de conhecimentos e as atuais informações, preocupações, bem como experiências passadas dos aprendizes ou suas atividades profissionais atuais ou futuras.

Vale a pena lembrar que muitos de nossos alunos no ensino superior já têm experiências e vivências profissionais e, por isso mesmo, poderão colaborar com dados da realidade para a discussão dos temas a ser tratados. Certamente sentir-se-ão valorizados se o professor solicitar sua colaboração.

EXPLICITAR O SIGNIFICADO DO QUE SE PROPÕE PARA APRENDER

A busca de significado é fundamental para toda a aprendizagem, significativa, sobretudo para os adultos, que devem estar capacitados para apreender o sentido dos fatos e fenômenos e integrá-lo às novas aprendizagens que vão construir o mundo intelectual, pessoal e social que compõe sua existência.

Para aprender, o adulto precisa ser envolvido como pessoa, como um todo. Isso exige que a aprendizagem se relacione ao seu universo de conhecimentos, experiências e vivências; permita-lhe formular problemas e questões que de algum modo o interessem ou lhe digam respeito; permita-lhe entrar em confronto experiencial com problemas práticos de natureza social, ética e profissional que lhe sejam relevantes; ajude-o a transferir o que aprendeu na universidade para outras circunstâncias e situações de vida; suscite modificações no comportamento e até mesmo na personalidade do aprendiz.

A explicitação do significado das aprendizagens numa relação de adultos inclui definir, conjuntamente com os alunos e de forma clara, objetivos e metas em acordo com o projeto pedagógico do curso e o perfil projetado dos egressos.

O processo de aprendizagem de adultos, de modo especial, está centrado na identificação de necessidades, carências, expectativas e interesses e na proposição de diferentes finalidades: cognitiva, afetivo-emocional, habilidades e atitudes/valores.

A resposta a essas necessidades se fará por uma definição clara e precisa dos objetivos a ser alcançados e por um um plano eficiente para consegui-los. O adulto precisa de clareza quanto às metas que se lhe propõem e sentir a adequação das atividades programadas.

ESTABELECER RECURSOS ADEQUADOS, EFICIENTES E AVALIÁVEIS

Como vimos, o adulto precisa perceber claramente que as estratégias escolhidas para o desenvolvimento das atividades variam e se adaptam aos seus objetivos. Além disso, a variedade de técnicas favorecerá também as características diferenciadas dos alunos no seu processo de aprendizagem, quanto ao ritmo, ao tempo, às dificuldades encontradas, às facilidades que o caracterizam bem, assim como poderá aumentar o interesse e a motivação do aprendiz.

O plano de atividades programado conjuntamente entre alunos e professor, como um programa de trabalho, deverá ser avaliado de forma periódica e constante durante a realização da disciplina, verificando-se sua eficiência e discutindo-se possíveis alterações.

Marcos T. Masetto

CRIAR UM SISTEMA DE PROCESSO DE AVALIAÇÃO CONTÍNUO

O adulto se sentirá confortável em um curso de graduação que tenha acoplado a si um processo de avaliação que o acompanhe de forma pessoal, constante e lhe ofereça continuamente *feedbacks* para que ele consiga atingir os objetivos propostos durante a realização da disciplina, corrija em tempo imediato seus possíveis erros, aperfeiçoe seu desempenho e, sobretudo, APRENDA. Desse modo, o processo de avaliação está integrado ao de aprendizagem. O *feedback*, sempre voltado para o crescimento, o desenvolvimento, a consecução da aprendizagem e a satisfação da necessidade sentida ou expectativa explicitada, funciona como elemento motivador.

Essas pistas indicam uma alteração na postura do professor universitário em sala de aula. Nosso comportamento tradicional de especialistas em um assunto, transmitindo informações a um grupo de alunos se não ignorantes, ao menos considerados totalmente desprovidos de conhecimento na área, exige profunda revisão.

Sem deixar de lado a necessária e exigida competência na área específica, o professor precisará compreender a situação de sala de aula como a de um grupo de adultos que trabalham juntos, se sentem parceiros e corresponsáveis por sua formação profissional e do qual todos são parte ativa, com funções, tarefas e experiências diferenciadas.

O professor se assumirá como membro desse grupo e como mediador pedagógico numa posição de diálogo e de troca, de segurança e de abertura às propostas e críticas dos alunos, incentivando a participação destes e preocupado com eles e com seus interesses, sempre mantendo a coerência entre discurso e ação.

É fundamental que o professor compreenda e assuma o aluno como alguém que está desenvolvendo a maturidade e estabeleça com ele um relacionamento de adulto para adulto, e não mais de instrutor para com um jovem adolescente. Trata-se de uma mudança de postura para ambos, mudança essa que precisará ser construída na contramão da atual cultura de relações presente em nossas universidades.

Trilhas abertas na universidade

Referências bibliográficas

BROOKFIELD, S. *Understanding and facilitating adult learning*. São Francisco: Jossey--Bass, 1986.

EBLE, K. E. *The craft of teaching*. São Francisco: Jossey-Bass, 1988.

KNOX, A. B. *Helping adults learn*. São Francisco: Jossey-Bass, 1987.

LENZ, E. *The art of teaching adults*. Nova York: CBS College Publishing, 1982.

MASETTO, M. T. *O professor na hora da verdade – A prática docente no ensino superior*. São Paulo: Avercamp, 2010.

Leitura complementar

ALMEIDA, L. R. de; PLACCO, V. M. N. de S. (orgs.). *As relações interpessoais na formação de professores*. São Paulo: Loyola, 2002.

BAIN, K. *Lo que hacen los mejores profesores universitarios*. Valência: Ed. da Universitat de València, 2007.

CANÁRIO, R. *A escola tem futuro? Das promessas às incertezas*. Porto Alegre: Artmed, 2006.

CARBONELL, M. J. *A aventura de inovar – A mudança na escola*. Porto Alegre: Artmed, 2002.

CUNHA, M. I. da. *O professor universitário na transição de paradigmas*. Araraquara: JM,1998.

CUNHA, M. I. da. (org.). *Reflexões e práticas em pedagogia universitária*. Campinas: Papirus, 2007.

GAETA, C.; MASETTO, M. T. *O professor iniciante no ensino superior – Aprender, atuar e inovar*. São Paulo: Senac, 2013.

MALGLAIVE, G. *Ensinar adultos*. Porto: Porto, 1995.

MASETTO, M. T. *Aulas vivas*. 3. ed. São Paulo: MG, 1992.

_____. "Mediação pedagógica e tecnologias de informação e comunicação". In: MORAN, J. M.; MASETTO, M. T.; BEHRENS, M. A. *Novas tecnologias e mediação pedagógica*. Campinas: Papirus, 2000.

_____. *Competência pedagógica do professor universitário*. 3. ed. São Paulo: Summus, 2012.

_____. *Desafios para a docência universitária na contemporaneidade – Professor e aluno em interação adulta*. São Paulo. Avercamp, 2015.

Marcos T. Masetto

MORAN, J. M.; MASETTO, M. T.; BEHRENS, M. A. *Novas tecnologias e mediação pedagógica*. Campinas: Papirus, 2000.

PERRENOUD, P. *et al. Formando professores profissionais*. Porto Alegre: Artmed, 2001.

ROGERS, C. *Liberdade para aprender*. Belo Horizonte: Interlivros, 1972.

SILVA, R.; SILVA, A. B. (orgs.). *Educação, aprendizagem e tecnologia – Um paradigma para professores do século XXI*. Lisboa: Sílabo, 2005.

ZABALZA, M. A. *O ensino universitário, seu cenário e seus protagonistas*. Porto Alegre: Artmed, 2004.

_____. *Competencias docentes del profesorado universitario – Calidad y desarrollo profesional*. Madri: Narcea, 2006.

13 EAD NO ENSINO SUPERIOR: ENSINO OU EDUCAÇÃO A DISTÂNCIA?

INTRODUÇÃO

Este capítulo demonstra sua complexidade no próprio título: pretendemos refletir sobre as trilhas de inovação que a educação a distância (EaD) abre para o ensino superior. Para tentar responder a essa pergunta, precisamos deixar claro para nossos leitores com que conceitos trabalhamos.

Sem dúvida, o EaD surge como uma inovação no bojo da revolução tecnológica de informação e comunicação, iniciada na segunda metade do século 20. As tecnologias digitais de informação e comunicação (TDIC) ganharam o mundo e as universidades, colaborando sobremaneira para o desenvolvimento das pesquisas, do conhecimento interdisciplinar e para a socialização ao alcance de todos e em tempo real dos conhecimentos e informações produzidos.

O ENSINO A DISTÂNCIA

Quando falamos em tecnologia na universidade, sempre há embates: ela deve ser usada para o ensino ou para a educação a distância? Há os que entendam não haver diferença entre as duas propostas. Nós entendemos que sim, estando a diferença na raiz da compreensão de "para que existem os cursos de graduação" visando a uma formação profissional: para transmitir informações e práticas profissionais por meio de profissionais experientes? Ou para que os alunos construam sua formação profissional por um pro-

Marcos T. Masetto

cesso de aprendizagem com a colaboração de seus professores, colegas e instituições parceiras?

Esses cursos são criados e implantados como novas oportunidades de ampliar e desenvolver o acesso à educação para pessoas e comunidades? Ou surgem como novas técnicas para difundir um processo de ensino exclusivamente voltado para a transmissão de informações a distância, a fim de que os indivíduos possam exercer determinada profissão?

Em sua maioria, os cursos criados pela universidade optaram pela segunda alternativa: difundir um processo de ensino exclusivamente voltado para a transmissão de informações para que um maior número de pessoas, em várias regiões do país, possa adquirir um diploma de ensino superior e melhorar suas chances de se inserir no mercado de trabalho. Essa decisão foi motivada também tendo em vista as grandes vantagens econômicas que o EaD traria consigo, compensando os investimentos na infraestrutura tecnológica necessária à sua realização.

Nesse contexto, assumiu-se o *modelo instrucionista* de realizar um ensino a distância que privilegia *softwares* tutoriais que "ensinam" determinado conteúdo para o aluno por meio de vídeos diversos, videoconferências sem interatividade, aulas expositivas filmadas, textos para ser lidos, seguidos de exercícios ou perguntas a ser respondias individualmente e verificação de conhecimentos adquiridos por meio de provas tradicionais, com a presença de um tutor apenas para responder a dúvidas sobre o uso do material.

Assim, em nosso entender, o ensino a distância não traz consigo trilhas significativas de inovação, pois, com exceção do uso limitado de determinadas tecnologias, projeta-se a distância, para inúmeras pessoas, um processo de ensino que já está ultrapassado nos cursos presenciais, com duvidosos resultados de formação profissional. Uma revolução tecnológica que aí está para inovar de fato o processo de aprendizagem e contribuir com o desenvolvimento da educação é usada apenas para transmitir um ensino tradicional a longa distância.

Trilhas abertas na universidade

"E" DE EDUCAÇÃO

A outra alternativa para o uso da tecnologia a distância está voltada para a criação de cursos universitários que desenvolvam um processo de aprendizagem e formação profissional competente e cidadã.

- O conceito de aprender está ligado diretamente a um sujeito (o aprendiz), que, pelas atividades realizadas de forma individual, com os colegas e com o professor, busca e adquire informações, descobre o significado do conhecimento, produz reflexões próprias, desenvolve sua criticidade, pesquisa, troca informações com os colegas, dialoga sobre atitudes éticas e políticas, muda comportamentos, integra conceitos teóricos com a realidade vivida, dá sentido às diferentes práticas da vida profissional e as vivencia em diversas situações e realidades profissionais – resolvendo problemas, elaborando projetos, criando e descobrindo novas soluções para situações profissionais. Numa palavra, o aprendiz cresce e se desenvolve.

- Seymour Papert (1991) apresenta uma proposta alternativa à linha instrucionista dos cursos em EaD e sugere o termo *construcionismo* para designar a modalidade de uso do computador em que o aluno o utiliza como ferramenta para construir seu conhecimento. No dizer de Valente (1993), o computador se transforma numa ferramenta educacional com a qual o aluno se torna sujeito de seu processo de aprendizagem.

Apesar de difícil, a opção por trabalhar com cursos não presenciais focados num processo educativo é possível, desde que:

- Planejados e executados com esse objetivo.
- Professores sejam preparados para o uso pedagógico e educacional das TDIC, com o desenvolvimento de uma atitude de mediação pedagógica.
- Agendas sejam planejadas com atividades voltadas para um processo de aprendizagem dos alunos, que permita o desenvolvimento de objetivos cognitivos, afetivos, de habilidades e de atitudes que constituem o crescimento do aprendiz.
- Atividades sejam organizadas como incentivo à pesquisa e à atribuição de significado próprio às informações adquiridas; trabalho com

Marcos T. Masetto

situações reais de vida e solução de problemas aplicando conhecimentos pessoais, sociais e profissionais.

- Haja incentivo de um processo de interaprendizagem entre os alunos, pelo qual o grupo trabalhe trocando informações, dúvidas, questionamentos, debates e textos.

- Exista incentivo ao registro das produções e atividades realizadas, permitindo a troca de material entre os membros do grupo.

- Crie-se um processo de avaliação que valorize o *feedback* contínuo, capaz de dar a alunos e professores a percepção da evolução e do crescimento dos estudantes no processo de aprendizagem.

- Escolha-se uma plataforma ou site, como Moodle, TelEduc, Blackboard etc., que permita aos participantes realizar a distância processos de aprendizagem trabalhando com planos de disciplinas, espaço para material de apoio, biblioteca, videoteca, busca de informações, links, sites, orientação de pesquisas, produção de relatórios de pesquisa, agendas de atividades, quadro mural, recursos para elaboração de textos e hipertextos; exploração de fóruns, listas de discussão, chats, teleconferência, correio eletrônico, jogos, simulações, registro de *feedbacks*, portfólio individual e de grupo e links de comunicação com os diferentes meios eletrônicos atuais de informação e comunicação.

As tecnologias digitais de informação e comunicação (TDIC) proporcionam a alunos e professores:

- Entrar em contato com as mais novas e recentes informações, pesquisas e produções científicas do mundo todo, em todas as áreas.

- Desenvolver a autoaprendizagem e a interaprendizagem a distância utilizando microcomputadores, que propiciam o surgimento de novas formas de construir o conhecimento e de realizar as atividades didático-pedagógicas.

- A possibilidade de integrar movimento, som, imagens e vídeos em novas apresentações de resultados de pesquisa e de temas para as aulas.

- A possibilidade de orientação dos alunos não apenas nos momentos de aula, mas também nos períodos entre elas.

- O desenvolvimento da criticidade para se situar diante de tudo que se vivencia por meio do computador, construindo critérios para a seleção das informações.
- O incentivo à curiosidade para buscar coisas novas.
- A colaboração para a reflexão crítica e ética diante dos valores contemporâneos.

Se realizada com proposta construcionista, a EaD tem a característica de inovar a prática pedagógica universitária com significado, integrando uma nova perspectiva de olhar e construir os cursos de graduação com tecnologias de ponta e adaptadas à aprendizagem e à formação contemporânea dos profissionais.

EAD E MEDIAÇÃO PEDAGÓGICA

A inovação de uma prática pedagógica universitária em EaD construcionista está profundamente vinculada à mudança de atitude do professor para uma mediação pedagógica relacionada às tecnologias digitais de informação e comunicação (TDIC).

Palloff e Pratt (2004, p. 88-89), ao comentar sobre a mediação pedagógica num ambiente virtual, apontam aspectos que, por vezes, passam despercebidos pelo professor, por considerarem se tratar por demais usados pelos alunos e, por isso mesmo, conhecidos por eles – o que nem sempre é verdade, principalmente em se tratando de recursos para aprendizagem. Nesse sentido, uma mediação competente levará em conta que o aluno precisará desenvolver o seguinte, entre outros aspectos:

Conhecimento básico da internet, incluindo como usar um navegador, acessar o site do curso, usar o ambiente on-line do curso, salvar e imprimir materiais encontrados on-line, fazer pesquisas básicas na internet e enviar e-mails. Conhecimento básico de informática, tal como saber usar um processador de texto.

Marcos T. Masetto

Diferenças entre os alunos on-line e os alunos presenciais, incluindo o papel do professor, do aluno e as expectativas sobre a avaliação o aluno.

Interações do professor com os alunos e dos alunos entre si.

Outra reflexão das autoras (Palloff e Pratt, 2004, p. 90-91) sobre essas interações destaca que "o aluno virtual precisa ver o professor como um guia que cria a estrutura e o ambiente para o curso, permitindo que os alunos criem em conjunto o conhecimento e os sentidos dentro dessa estrutura".

É interessante destacar os aspectos de mediação pedagógica que as autoras comentam: postura de orientação do professor, inclusive para o uso básico da internet e da informática; protagonismo do aluno; responsabilidade deste pelo processo de aprendizagem; incentivo às atividades de interação entre os alunos; uso do ambiente virtual para interagir e colaborar com os demais participantes; *feedback* contínuo para incentivar a autodescoberta e a autonomia do estudante.

Lina Morgado (2005) destaca a interação e a mediação que deverão se desenvolver considerando os elementos centrais de um curso on-line: a distância física entre os participantes; a comunicação mediada por computador; a comunicação síncrona e assíncrona e as interações visando à aprendizagem colaborativa. São aspectos que exigem adaptações ao realizar a mediação pedagógica.

Outras adaptações são também exigidas com relação à diversidade de tipos de interação num ambiente virtual: estudante-conteúdo; professor-estudante; estudante-estudante; grupo sala-grupo sala – o que possibilita criar comunidades de aprendizagem. "E-moderação" é a expressão com a qual Morgado se refere às especificidades e adaptações da mediação pedagógica num ambiente virtual.

Tal concepção de mediação pedagógica se integra perfeitamente aos conceitos de educadores como Imbernón (2012, p. 51), que comenta:

Professores e alunos compartilham a atividade de aprender. Os professores promovem e organizam atividades de participação. O estudante é visto como um sujeito ativo que adquire, processa e avalia seu conhecimento. Os professores devem criar situações para ativar a participação dos estudantes nos métodos de ensino centrados neles.

De La Torre (2008, p. 9-10) assim se expressa a respeito desse tema:

> O papel do docente, em lugar de centrar-se na explicação, assume um caráter estimulador, mediador, criador de cenários e ambientes. Essa é a novidade teórica de nosso planejamento didático. A teoria de didática que defendemos é uma teoria de mediação. As estratégias compõem essa função mediadora integrando teoria e prática.

Uma consequência nos parece muito clara: todos os autores, ao refletir sobre a mediação pedagógica, sempre a relacionam com as situações de aprendizagem e as atividades e técnicas programadas.

EAD E PROTAGONISMO DO ALUNO

A EaD numa perspectiva construcionista está também vinculada a uma mudança de atitude do aluno. Requer que este se apresente como aprendiz ativo e participante, sujeito de ações que o levam a aprender e a mudar seu comportamento, em processos de autoaprendizagem (individualmente) e de interaprendizagem (em colaboração com seus colegas).

Busca-se uma mudança de mentalidade e de atitude do aluno: que ele trabalhe individualmente para aprender e colaborar com a aprendizagem dos demais colegas; que atue em equipe, aprenda com os outros e veja o grupo, os colegas e o professor como parceiros idôneos, dispostos a colaborar com sua aprendizagem.

Olhar o professor como parceiro idôneo de aprendizagem será mais fácil, porque está mais próximo do tradicional. Enxergar seus colegas como colaboradores para seu crescimento implica uma mudança importante e fundamental de mentalidade no processo de aprendizagem. Todas essas

Marcos T. Masetto

interações conferem pleno sentido à corresponsabilidade no processo de aprendizagem.

> Não se pode educar para conviver se não se educa na cooperação e participação coletiva, na interaprendizagem [...] A proposta considera o grupo um âmbito privilegiado para a interaprendizagem, entendida como recriação e produção de conhecimentos, pela dinâmica e pela riqueza que surge da confrontação de ideias e opiniões próprias das experiências prévias de cada participante: a possibilidade de chegar a consensos e dissensos em uma dinâmica permanente de ação-reflexão-ação. (Perez e Castillo, 1999, p. 42)

No desenvolvimento de seu protagonismo, o aluno aprenderá a usar as TDIC como recursos para dinamizar sua autoaprendizagem: coletar informações, relacioná-las, organizá-las, manipulá-las, criticá-las; e sua interaprendizagem, discutindo-as, debatendo-as com seus colegas, com o professor e com outras pessoas, até chegar a produzir um conhecimento que seja significativo para ele, que se incorpore ao seu mundo intelectual e vivencial e o ajude a compreender sua realidade humana, profissional e social.

O professor poderá incentivar o desenvolvimento do protagonismo do aluno propondo situações-problema e desafios a ser resolvidos, provocando reflexões nos fóruns, mediando discussões em grupos – visando que os alunos estabeleçam conexões entre o conhecimento adquirido e novos conceitos; colaborar para desenvolver crítica com relação à quantidade e à validade das informações obtidas; cooperar para que o aprendiz use e comande as novas tecnologias para sua aprendizagem e não seja comandado por elas ou por quem as tenha programado.

Na EaD, um aspecto delicado que envolve a mudança de atitude do professor e do aluno é o processo de avaliação contínuo através de *feedbacks* voltados para o desenvolvimento dos alunos.

Um instrumento de avaliação de grande utilidade para esse acompanhamento do aluno por si mesmo e pelo professor é o portfólio eletrônico, que, ao mesmo tempo que registra todos os *feedbacks* recebidos, em todas

Trilhas abertas na universidade

as atividades realizadas, permite ao aluno, a cada passo de seu processo de aprendizagem, a cada unidade de aprendizagem concluída e a cada conjunto de unidades realizado, fazer uma reflexão séria, objetiva, documentada e aberta para a compreensão dos aspectos de seu desenvolvimento, dos problemas encontrados e superados, dos que se manifestaram mais difíceis de superar. Em suma, ajuda-o a verificar como se desenha sua linha de efetiva aprendizagem durante o curso.

Aliás, o grande objetivo do portfólio e sua grande contribuição para a aprendizagem é possibilitar essa reflexão pessoal, profunda e documentada de crescimento (autoavaliação), pois permite compará-la com a reflexão e a análise do professor, dos colegas e de outros participantes do processo de formação (heteroavaliação).

Muitas vezes, os *feedbacks* são encaminhados aos alunos por meio das tecnologias escolhidas, mas quase sempre por textos escritos ou imagens que serão recebidos a distância. Não contamos com a presença física do aluno no momento da recepção do *feedback*; não visualizamos suas reações nem ouvimos suas dúvidas e perguntas, seus comentários, suas impressões, suas explicações. Também não podemos lhes oferecer explicações. Enfim, não há possibilidade de um diálogo construindo-se num encontro presencial imediato.

Essa situação exige certos cuidados do professor para que o processo avaliativo de fato colabore com a aprendizagem do aluno. Por exemplo, o cuidado com a redação, procurando se colocar no contexto a distância em que o aluno vai receber o *feedback* – inclusive em meio a uma série de circunstâncias que envolvem situações familiares, profissionais etc. É preciso estar atento ao fato de que muitas vezes, ao se receber um e-mail, lê-se de forma diferente daquela como foi escrito, e o remetente não está presente para corrigir, modificar, acertar ou explicar o sentido. É imprescindível sempre contextualizar a mensagem na situação atual em que o interlocutor está vivendo. Por não considerar esses aspectos, muitas vezes o *feedback* a distância não funciona, ou até funciona em sentido contrário ao esperado.

EAD SEMIPRESENCIAL?

Nessa proposta construcionista de formação de profissionais a distância, há um aspecto que também merece nossa atenção: há cursos total e integralmente realizados a distância e outros semipresenciais, ou seja, parte presenciais e parte realizados a distância, utilizando as TDIC na configuração da proposta construcionista.

Alguns coordenadores desses cursos preferem o semipresencial para manter o comprometimento dos alunos com o curso, garantir a frequência na realização das atividades no tempo planejado, aprofundar *feedbacks* visando ao desenvolvimento do aluno e à correção de alguns erros, manter a integração do grupo pelo contato presencial.

As TDIC podem ser usadas para dinamizar os cursos presenciais, tornando-os mais vivos, interessantes, participativos e vinculados com a nova realidade de estudo, de pesquisa e de contato com os conhecimentos produzidos.

Cooperam também – e principalmente – com o desenvolvimento do processo de aprendizagem a distância num ambiente virtual, incentivando e permitindo pesquisa, elaboração de textos e reflexões, resolução de casos com fundamentação teórica, uso de jogos, simulações, estar dentro de situações profissionais de grande risco por meio de vídeos e preparar-se para os encontros presenciais – nos quais todos os participantes trarão contribuições próprias extremamente pertinentes.

As TDIC permitem trabalhar com imagem, som e movimento simultaneamente, o uso do e-mail, do WhatsApp para comunicações e acesso imediato a professor e colegas, a máxima velocidade no atendimento às demandas e ao trabalho com as informações dos acontecimentos em tempo real.

Colocam professores e alunos trabalhando e aprendendo a distância, dialogando, discutindo, pesquisando, perguntando, respondendo, comunicando informações por meio de recursos que permitem a esses interlocutores, vivendo nos mais longínquos lugares, encontrar-se e enriquecer-se com contatos mútuos. Professores especialistas, grandes autores e pesquisadores, que para muitos seriam inacessíveis, graças a esses recursos agora já podem ser encontrados.

CONSIDERAÇÕES FINAIS

Ao concluir este capítulo, entendemos que o ensino a distância relacionado com a revolução tecnológica de informação e comunicação surge como uma trilha de inovação nas práticas pedagógicas universitárias com significado para nossos tempos, desde que integre, em seu processo, quatro condições:

a seja assumido em sua perspectiva construcionista;

b o aluno assuma seu papel de protagonista do processo de aprendizagem;

c o professor assuma seu papel de mediador pedagógico;

d as técnicas e recursos de EaD sejam usados de forma adaptada aos objetivos de formação de profissionais e por docentes com domínio das técnicas, de seu uso e de suas peculiaridades.

Referências bibliográficas

DE LA TORRE, S. (org.). *Estrategias didácticas en el aula – Buscando la calidad y la innovación*. Madri: Universidad Nacional de Educação a Distancia, 2008.

IMBERNÓN, F. *Inovar o ensino e a aprendizagem na universidade*. São Paulo: Cortez, 2012.

MORGADO, L. "Novos papéis para o professor/tutor na pedagogia online". In: SILVA, R. V. da; SILVA, A. V. da. (orgs.). *Educação, aprendizagem e tecnologia – Um paradigma para professores do século XXI*. Lisboa: Sílabo, 2005.

PALLOFF, R.; PRATT, K. *O aluno virtual*. Porto Alegre: Artmed, 2004.

PAPERT, S. *Constructionism*. Nova York: Ablex, 1991.

PEREZ, F. G.; CASTILLO, D. P. *La mediación pedagógica*. Buenos Aires: Ciccus, 1999.

VALENTE, J. A. (org.). *Computadores e conhecimento – Repensando a educação*. Campinas: Ed. da Unicamp, 1993.

Leitura complementar

ALMEIDA, M. E. B. de. *Inclusão digital do professor – Formação e prática pedagógica*. São Paulo: Articulação Universidade/Escola, 2004.

Marcos T. Masetto

BACICH, L.; MORAN, J. M. (orgs.). *Metodologias ativas para uma educação inovadora: uma abordagem teórico-prática*. Porto Alegre: Penso, 2018.

BACICH, L.; TANZI NETO, A.; TREVISANI, F. de M. (orgs.). *Ensino híbrido – Personalização e tecnologia na educação*. Porto Alegre: Penso, 2015.

COLL, C. et al. *Psicologia da educação virtual – Aprender e ensinar com as tecnologias da informação e da comunicação*. Porto Alegre: Artmed, 2010.

HELDE, A.; STILBORNE, L. *Guia do professor para a internet*. Porto Alegre: Artmed, 2000.

LITWIN, E. (org.). *Educação a distância*. Porto Alegre: Artmed, 2001.

MASETTO, M. T. *O professor na hora da verdade*. São Paulo: Avercamp, 2010.

_____. "Mediação pedagógica e tecnologias de informação e comunicação". In: MORAN, J. M.; MASETTO, M. T.; BEHRENS, M. A. *Novas tecnologias e mediação pedagógica*. 21. ed. Campinas: Papirus, 2013.

_____. "EaD para quê? Educar ou ensinar a distância?" In: Leonel, A. A. *et al.* (orgs.). *Reflexões e práticas em EaD*. Rio de Janeiro: Letra Capital, 2016.

MERCADO, L. P. L. (org.). *Fundamentos e práticas na educação à distância*. Maceió: Ed. da Ufal, 2009.

PALLOFF, R.; PRATT, K. *Construindo comunidades de aprendizagem no ciberespaço*. Porto Alegre: Artmed, 2002.

SANCHO, J. M. (org.). *Para uma tecnologia educacional*. Porto Alegre: Artmed, 2001.

SILVA, M. (org.). *Formação de professores para docência online*. São Paulo: Loyola, 2012.

SILVA, M.; PESCE, L. ZUIN, A. (orgs.). *Educação online*. Rio de Janeiro: WAK, 2010.

VALENTE, J. A.; ALMEIDA, M. E. B de (orgs.). *Formação de educadores a distância e integração de mídias*. São Paulo: Avercamp, 2007.

VALENTE, J. A.; PRADO, M. E. B.; ALMEIDA, M. E. B de (orgs.). *Educação a distância via internet*. São Paulo: Avercamp, 2003.

VEEN, W.; VRAKKING, B. *Homo zappiens – Educando na era digital*. Porto Alegre: Artmed, 2009.

14 ENSINO COM PESQUISA E SEMINÁRIO

INTRODUÇÃO

Buscando inovar a prática pedagógica universitária, encontramos duas metodologias de aprendizagem: o ensino com pesquisa e o seminário, que necessitam urgentemente resgatar o significado de metodologias ativas. A primeira redescobrindo o significado de "educar pela pesquisa" (Demo, 1996) e revendo as condições de seu uso; a segunda desfazendo-se do arremedo de técnica em que se transformou, resgatando seu significado original e restabelecendo suas normas de funcionamento.

ENSINO COM PESQUISA

A expressão "ensino com pesquisa" geralmente está relacionada com a técnica de estudar visando adquirir conhecimento por meio do levantamento individual de informações realizado pelo aprendiz. E essa atividade, assim compreendida, pode reduzir enormemente a concepçao e as possibilidades educacionais de um "educar pela pesquisa".

Com efeito, assumir a pesquisa como atitude de um profissional, que é o que pretendemos em cursos de graduação, significa em primeiro lugar valorizar a atividade de pesquisa como imprescindível para um crescimento contínuo e permanente na vida de um indivíduo e no exercício de uma profissão.

A busca contínua de informações atuais, projetos inovadores, soluções criativas, visões diferenciadas das situações e dos problemas, traba-

Marcos T. Masetto

lhos, artigos, livros inéditos, experiências interdisciplinares e interprofissionais é um desafio constante para um profissional competente e cidadão.

Essa concepção da atividade de pesquisa exige uma aprendizagem muito mais ampla e complexa do que apenas aprender a fazer um levantamento de informações – que é necessário, mas não suficiente.

A aprendizagem com pesquisa implica ser crítico com relação às informações, contextualizá-las no tempo e na profissão, vislumbrar suas aplicações no trabalho e na vida social, compará-las com outras informações que as completam ou contradizem, debatê-las, assumir posições diante delas e integrá-las ao seu mundo intelectual, aperfeiçoando-o, inovando-o, ampliando-o, construindo enfim um conhecimento próprio que oriente sua vida pessoal e profissional. Implica, ainda, desenvolver um conjunto de habilidades específicas – localizar fontes de informação (em biblioteca, videoteca, internet), leitura compreensiva dos textos, fazer destaques, redigir documentalmente citações, parágrafos, sintetizar capítulos relevantes.

Compreende aprender a trocar informações com os colegas, debatê-las, colaborar com a construção de um conhecimento em equipe, redigir relatórios de grupos (hipertextos), elaborar um relatório de pesquisa, apresentar e comunicar de diversas formas os resultados desta.

Assim entendemos o educar pela pesquisa: uma prática pedagógica que incentiva o desenvolvimento de um conhecimento questionador, reconstrutivo, com qualidade formal e política.

- Conhecimento questionador: crítico, perguntador, curioso. Levanta dúvidas, discute teorias e princípios, formula hipóteses, tem capacidade de mudar e adaptar-se ao novo.
- Conhecimento reconstrutivo: desenvolvido com interpretação própria e a colaboração dos colegas e do professor. Ressignifica o conhecimento e a elaboração pessoal.
- Conhecimento com qualidade formal: rigor científico.
- Conhecimento com qualidade política: identifica e trabalha com valores sociais e de cidadania que envolvem o conhecimento.

O ensino com pesquisa com significado de educar pela pesquisa sem dúvida se apresenta, entre as metodologias ativas, como uma prática pedagógica com características de inovação na atuação de docentes universitários.

Encaminhamento do ensino com pesquisa

Resgatada a compreensão da pesquisa como atitude de um profissional que se forma em cursos de graduação, defrontamos com um novo desafio: como planejar e implantar, durante o desenvolvimento de uma disciplina, o ensino com pesquisa?

São atitudes iniciais do professor:

1 Planejar com os alunos a utilização dessa prática pedagógica visando ao protagonismo e à parceria deles em sua realização:
- motivar os alunos para a relevância de desenvolver a aprendizagem com pesquisa como profissionais e cidadãos;
- explicitar o que se pretende aprender com o ensino com pesquisa (conhecimentos, habilidades e atitudes);
- explicitar atitudes esperadas dos alunos – participação, protagonismo e parceria com colegas e professor;
- explicitar em que consiste essa prática pedagógica (explicar a técnica);
- explicitar tempo de duração da atividade (mais ou menos dois meses) – é importante observar que o ensino com pesquisa corre paralelamente ao cronograma das aulas, acontecendo em espaços e tempos extraclasse e, às vezes, em momentos de aula, como veremos adiante;

  Estas primeiras atitudes são de capital importância, pois estão voltadas para incentivar e motivar os alunos a se engajar na atividade, que vai exigir grande participação deles para o alcance dos objetivos previstos.

2 Orientar os procedimentos individuais e coletivos do processo de ensino com pesquisa. Essa atitude e disposição por parte do professor

Marcos T. Masetto

são fundamentais e decisivas para o sucesso do uso dessa técnica. A falta dessa iniciativa do docente tem sido a causa essencial do fracasso de tal prática pedagógica, e por uma razão básica: nossos alunos nunca aprenderam a pesquisar, por isso não desenvolveram atitudes e habilidades para tal. Apenas "mandar" os alunos fazer pesquisa não os torna competentes para isso.

Estão previstos *quatro ou cinco encontros presenciais* dos grupos com o professor, bem como atividades individuais e coletivas dos membros de cada grupo fora do horário de aulas – com a utilização de mídia eletrônica (internet, sites, e-mails, *smartphones* etc.) ou até mesmo presencialmente, em horários que sejam convenientes a todos.

No *primeiro encontro presencial*, o professor, com a participação dos alunos:

- planeja a utilização dessa prática pedagógica;
- organiza grupos com no máximo cinco participantes e distribui a cada grupo seu tema de pesquisa, com um texto básico que permita dele se partir para o prosseguimento dos estudos; observe-se que o tema de pesquisa selecionado se relaciona com um assunto que será estudado após os dois meses de pesquisa;
- apresenta as atividades dos próximos dez dias: ler o texto básico; fazer pesquisa individual sobre o tema, com liberdade para explorar fontes diversas; documentar as informações encontradas e sua contribuição para além do texto básico oferecido; trocar informações coletadas com os colegas do grupo por meio de instrumentos eletrônicos.

No *segundo encontro presencial*, realizado dez dias depois do primeiro, os grupos trazem o material coletado, lido e organizado.

Na primeira parte da aula, planejada para que os alunos trabalhem individualmente, o professor se reúne com cada grupo por dez a 15 minutos, verificando com seus membros as tarefas realizadas, as informações levantadas, os registros dessas informações, os resultados obtidos. Verifica, ain-

Trilhas abertas na universidade

da, se juntos conseguiram uma base de informação suficiente para dar continuidade ao trabalho. Em caso negativo, oferece algumas sugestões para que os alunos pesquisem e completem sua base de dados no próximo período.

Na sequência, orienta as atividades para os próximos dez dias: comparar as informações buscando pontos de convergência e complementação, aspectos divergentes ou contraditórios, possibilidades de integração, aplicações às atividades profissionais do curso, preparar um eixo que integre essas informações. Não se exige consenso entre as informações, mas apenas que se busque uma forma de integrá-las. Será preciso redigir esse eixo de modo que represente as ideias do grupo.

No *terceiro encontro presencial*, realizado dez dias após o segundo, o professor sugere que cada grupo use o tempo da aula para fazer os ajustes no eixo de seu texto enquanto os orienta individualmente por dez minutos, dialogando com eles sobre o eixo que conseguiram elaborar sobre o tema e apresentando seus *feedbacks* e sugestões.

Na sequência, orienta todos os estudantes a respeito da elaboração do relatório de pesquisa, que deverá ser apresentado dentro de 15 dias, no encontro seguinte.

No quarto encontro presencial, o professor verifica o relatório de pesquisa e combina sua entrega e apresentação à classe dentro do cronograma semestral para o estudo do assunto pesquisado.

A apresentação aos colegas oferece a oportunidade de conhecer e debater a pesquisa realizada. Essa socialização pode ser feita de diversas maneiras, ficando a critério do próprio grupo planejá-la e realizá-la.

Assim, na estratégia de ensino/educação com pesquisa, encontramos uma prática pedagógica com características de inovação. Por meio de tal estratégia, o docente universitário exercita a mediação pedagógica em suas atividades de parceria e corresponsabilidade com os alunos; incentiva o protagonismo destes ao adquirir conhecimento; e os orienta e acompanha, mostrando disponibilidade para trabalhar em conjunto.

SEMINÁRIO

Na introdução deste capítulo, afirmamos que era urgente resgatar o significado do seminário como metodologia ativa, expurgando-o do arremedo de técnica de aprendizagem em que se transformou, com muito enfado e pouco aproveitamento dos alunos.

O termo "seminário" relaciona-se com sêmen, semente, sementeira, que por sua vez estão ligados a vida nova, despertar, nascimento. Essa concepção é fundamental, visto que ela nos apresenta o verdadeiro significado de seminário: uma técnica de aprendizagem que incentiva e ajuda o aluno a descobrir ideias, conceitos, inferências e teorias "novas" com base no ensino com pesquisa.

Há dois componentes essenciais para realizar um seminário: ensino com pesquisa e aprendizagens que vão além dos resultados desta. Estamos muito distantes das exposições feitas pelos alunos aos colegas sobre um tema indicado pelo professor, que muitas vezes não passa de um capítulo de livro ou de um artigo resumido.

A primeira parte de um seminário se desenvolve com o ensino com pesquisa, como vimos, até a comunicação ou socialização dos resultados das pesquisas ao plenário dos alunos.

A segunda parte, que de fato configura o seminário, se desenvolve da seguinte maneira:

- Ao distribuir os temas para o ensino com pesquisa, o professor escolheu assuntos que trazem entre si múltiplas relações teóricas e práticas, mas não se encontram explícitas.
- Ele convida os alunos para participar de uma mesa-redonda assim composta: o professor, como coordenador, e um representante de cada grupo de pesquisa, que será escolhido aleatoriamente.
- O assunto da mesa-redonda é indicado pelo professor, que dá 15 dias para sua preparação: um tema novo que não foi pesquisado diretamente por nenhum dos grupos, mas tem relação com as pesquisas.
- Os grupos de pesquisa são convidados a se preparar para a mesa-redonda trazendo informações para o debate com base nos respectivos

Trilhas abertas na universidade

relatórios de pesquisa e nos estudos realizados até ali. Cada grupo se prepara para a mesa-redonda, sabendo que um de seus membros será escolhido para compô-la.

- No dia combinado, o professor escolhe aleatoriamente os primeiros participantes da mesa-redonda: um de cada grupo de pesquisa. Os demais permanecem como plenário com possibilidade de participação, solicitada pelo professor ou por eles mesmos.

- O docente abre o novo tema e passa a palavra a um dos membros da mesa. Cada um deles dará continuidade ao debate, usando apenas informações, dados e argumentos retirados de sua pesquisa. Caso não traga elementos com essas características, a palavra lhe é cortada, passando-se a outro membro da mesa, e assim sucessivamente. A dinâmica do debate é conduzida pelo professor-mediador, que pode dar a palavra ao plenário, substituir um dos elementos da mesa por outro colega do mesmo grupo, aceitar o pedido de alguém do plenário para substituir seu colega e assim por diante.

- É fundamental que o coordenador da mesa acompanhe toda a discussão e procure costurar e organizar as ideias, oferecendo *starts* para outros aspectos que ainda não tenham sido apresentados e fazendo pequenas sínteses – de tal sorte que ao final da mesa-redonda o novo tema tenha sido debatido e sobre ele se tenha alinhavado um conjunto de informações que permita que os alunos construam um novo conhecimento.

- Agora aconteceu um seminário: surgimento de informações e conhecimentos novos, que antes não existiam para os alunos e foram construídos com informações de suas pesquisas.

Para compreender melhor essa técnica, proponho que o leitor imagine o seguinte: num curso de formação de professores, o coordenador realiza com seus participantes um ensino com pesquisa organizando grupos que pesquisem sobre "diferentes modalidades de técnicas de aprendizagem e de avaliação". E, para o seminário, sugere o seguinte tema: "A eficiência das técnicas estudadas e a relação andragógica entre alunos e professor". Nenhum dos grupos pesquisou o assunto, mas ele se encontra imerso em todas as técnicas de aprendizagem e avaliação, o que permite que das pesquisas se retirem informações para compreender, debater e desenvolver ideias, conceitos e relações entre eficiência das técnicas estudadas e o relacionamento adulto entre professor e alunos.

Planejado e realizado como descrevemos anteriormente, o seminário de fato se apresenta como uma prática pedagógica capaz de inovar nossa atuação como docentes universitários.

Referência bibliográfica

DEMO, P. *Educar pela pesquisa*. Campinas: Autores Associados,1996.

Leitura complementar

MASETTO, M. T. *O professor na hora da verdade*. São Paulo: Avercamp, 2010.

_____. *Competência pedagógica do professor universitário*. 3. ed. São Paulo: Summus, 2012.

15 UMA MODALIDADE DIFERENTE DE INICIAR UMA DISCIPLINA NUM CURSO DE GRADUAÇÃO

INTRODUÇÃO

Estamos diante de uma prática pedagógica clássica para todos os docentes, assim como clássico e convencional é o modo de realizá-la: no primeiro dia de aula, apresenta-se o programa da disciplina e inicia-se imediatamente pelo primeiro ponto, pois não pode haver acúmulo de matéria, muito menos se perder qualquer tempo que não seja cumprindo o programa de conteúdos.

Tivemos oportunidade de comentar essa técnica no Capítulo 11 deste livro, quando procuramos exemplificar como poderíamos desenvolver em aula universitária uma relação adulta entre professor e alunos. Neste capítulo, vamos analisá-la do enfoque de uma técnica inovadora para iniciar uma disciplina num semestre, visando aos seguintes objetivos:

- acolher os alunos em seu primeiro dia na disciplina;
- iniciar um clima de aproximação entre professor e alunos e entre os próprios alunos;
- iniciar um grupo de aprendizagem;
- abrir perspectivas para um significado diferente de "estar em aula" e cursar aquela disciplina;
- despertar o aluno para a relevância da disciplina, sua importância na profissão, sua atualidade e sua integração com outras disciplinas do currículo;
- envolver os alunos na elaboração do plano de trabalho juntamente com o professor;
- realizar um contrato pedagógico com os alunos, combinando os objetivos, os temas de estudo, as técnicas a ser usadas e como será o processo de avaliação;

Marcos T. Masetto

- acordar com os alunos o compromisso da realização desse plano de trabalho com a participação de todos.

Nosso ponto de partida é buscar um significado novo para o primeiro encontro com os alunos que frequentarão nossa disciplina. Criar um clima de acolhimento, de conhecimento entre estudantes e docente, de relações interpessoais, de formação de um grupo interessado em aprender alguma coisa, descobrir algo de novo e de muita importância para sua profissão. Deve-se incentivá-los a descobrir que aprenderão algo útil e fundamental, que aquela disciplina não é uma perda de tempo ou algo muito desinteressante!

A questão que se propõe é: com que práticas pedagógicas e recursos inovadores poderão contar professor e alunos para juntos alcançar tal objetivo?

Experiências realizadas com sucesso sugerem um conjunto de práticas pedagógicas que, adaptadas a diferentes contextos, têm permitido chegar aos objetivos pretendidos. Vamos dialogar sobre elas, com a clareza de que, de acordo com o contexto de cada IES, outras sugestões e alternativas possam se impor visando aos mesmos objetivos.

A trilha de práticas pedagógicas inovadoras que utilizamos para o início de uma disciplina assim se apresenta:

1 Reorganização do espaço físico e do ambiente.
2 Apresentação do professor.
3 *Start* da formação da comunidade de aprendizagem (ou do grupo classe):
   - conhecimento dos membros do grupo (técnicas);
   - construção de objetivos comuns: o que vamos aprender e qual é a relevância disso em nossa profissão? (técnicas);
4 Contrato psicológico – que condições seriam ideais para que aproveitássemos o nosso tempo em aula para aprender? Fazer uma negociação ou contrato psicológico com os alunos.
5 Combinar o próximo encontro.

Sigamos a trilha.

REORGANIZAÇÃO DO ESPAÇO FÍSICO E DO AMBIENTE

O espaço físico e o ambiente das salas de aula das IES são em geral pouco convidativos para criar um clima de acolhimento, de comunicação e de inter-relações entre alunos e professor. A disposição das carteiras enfileiradas isola os estudantes, que, sentados um atrás ou ao lado do outro, têm como centro de atenção o professor à sua frente.

Se organizarmos as carteiras num semicírculo (ou em dois ou três, se as turmas forem numerosas), os alunos, assim que chegarem, sentirão um primeiro impacto agradável, que no mínimo suscitará sua curiosidade (por quê?). E então serão convidados pelo professor a ocupar as carteiras na nova posição.

Essa disposição de carteiras permitirá a alunos e professor olharem uns para os outros, facilitando a comunicação oral e visual. O professor estará próximo dos aprendizes e terá um grande espaço à disposição para se locomover para mais perto de todos os alunos quando com eles estiver conversando ou dialogando.

Além disso, essa disposição das carteiras facilitará, quando for interessante, a rápida organização de pequenos grupos de trabalho.

Após esse primeiro encontro, os próprios alunos serão convidados a reorganizar o ambiente de aula no início dela e ao seu final, para deixar em ordem o espaço para os colegas que vierem depois.

APRESENTAÇÃO DO PROFESSOR

Ao professor cabe tomar a iniciativa para iniciar as atividades. Além de se apresentar e resumir a formação acadêmica relacionada com a disciplina que vai lecionar, esse é um primeiro momento de contato do professor com os alunos, valendo a pena comentar alguns princípios importantes para orientar o trabalho na disciplina.

Por exemplo, o que faz uma disciplina ser interessante – ou chata, enfadonha, boa e agradável ou desmotivadora? É o professor que se apresen-

Marcos T. Masetto

ta dessa ou daquela maneira? Ou as características de aula interessante, significativa, relevante, atual, envolvente – que fazem diferença na participação do aluno – estão relacionadas às atividades que se realizam em sala, como pesquisa, resolução de problemas, estudo de casos planejados e realizados conjuntamente por todo o grupo-classe?

Uma disciplina ser interessante ou não depende só do professor ou de todo o grupo-classe que dela participa? Sem dúvida ela só será útil e interessante se construída e realizada por todo o grupo, se este sentir que a disciplina lhe pertence e se for responsabilidade de todos os seus membros torná-la valiosa.

Na sequência, é preciso abrir um diálogo sobre essas ideias e solicitar a opinião dos alunos sobre esse modo de ver a aula e a disciplina, e debater as consequências desta perspectiva: fundamentalmente, o compromisso de alunos e professor de formar um grupo para construir a disciplina.

START DA FORMAÇÃO DA COMUNIDADE DE APRENDIZAGEM

Partindo da concepção de que a disciplina deverá se constituir com um grupo de pessoas (alunos e professor) interessadas em construir algo em conjunto, inicia-se um diálogo sobre as condições básicas para se transformar a classe em grupo.

Duas são as condições básicas: *conhecimento dos membros entre si e estabelecimento de objetivos comuns.* Para tanto, precisamos *iniciar ou desenvolver o conhecimento entre o grupo-classe.*

Uma técnica que facilita esse conhecimento e início de integração de grupo é a "apresentação invertida" (Masetto, 2010). Os alunos, que já se encontram em semicírculo, formam duplas que, durante seis minutos, poderão trocar entre si algumas informações como nome, apelido, trabalho, o que pretende na profissão, hobbies ou outro aspecto que o professor sugira.

Cada um anota as informações recebidas do colega, pois no momento seguinte, num tempo de 45 segundos em círculo aberto, apresentará o co-

Trilhas abertas na universidade

lega a todos os demais com as informações obtidas. Essa primeira rápida intercomunicação inicia "o quebra-gelo" no grupo ou amplia o conhecimento entre seus membros.

Para o professor, será uma excelente oportunidade para começar a conhecer os alunos, inclusive pelo nome, o que poderá causar um segundo impacto quando os próprios alunos, na sequência da aula, se virem reconhecidos pelo próprio nome. É interessante que o docente participe dessa primeira rodada de informações, fazendo parceria com um aluno.

Ao final da rodada, o professor pode solicitar que os alunos levantem as características próprias daquele grupo, e o próprio docente fechará esses comentários chamando a atenção para os aspectos positivos do grupo, inclusive o da heterogeneidade, e *buscando criar objetivos comuns*.

Para tanto, ele conta com informações que os próprios alunos lhe ofereceram sobre suas pretensões profissionais, e procurará fazer a ligação de sua disciplina com essa profissão que eles estão procurando.

Um caminho interessante é perguntar aos estudantes o que pensam sobre a disciplina, sua relação com a profissão, de que assuntos trata, que comentários ouviram sobre ela por aqueles que já a cursaram, dúvidas ou perguntas sobre a disciplina.

Uma técnica que facilita este diálogo é o *brainstorming* ou tempestade cerebral (Masetto, 2010). O professor, por exemplo, escreve no quadro o nome de sua disciplina e solicita aos alunos que verbalizem a primeira ideia que venha à sua cabeça (associacionismo), sem censura nem preocupação de estar certo ou errado, sem apresentar raciocínios e justificativas. Cada expressão é registrada pelo professor no quadro, sem nenhum comentário oral ou corporal, apenas incentivando o maior número de verbalizações. Após um tempo de no máximo cinco minutos, o professor encerra as manifestações e inicia com os alunos uma análise e reflexão sobre as expressões verbalizadas e registradas na lousa, aproximando aquelas que têm relação com a disciplina e indicando os grandes temas de interesse atual que poderão ser trabalhados nela. Assim envolvemos os estudantes e os incentivamos a construir um grupo de aprendizagem de uma disciplina para sua formação.

É importante, ao término dessa atividade, reunir alguns pontos cuja necessidade de ser aprendidos seja percebida por todos. Começam a aparecer os objetivos comuns do grupo e a grande importância da disciplina. Recomenda-se pedir aos alunos que anotem esses pontos para nova discussão no próximo encontro.[1]

CONTRATO PSICOLÓGICO

Iniciar a disciplina criando um clima de acolhimento, de conhecimento, de inter-relações pessoais e de busca de um significado para ela na formação dos alunos só vale a pena se conseguirmos dar continuidade a esse clima nos demais encontros. Tal continuidade depende sobretudo do envolvimento de alunos e professor em sua construção e do nível de participação de ambos no processo de aprendizagem.

Isso nos leva a procurar, ainda no primeiro encontro, realizar uma negociação com os alunos, um contrato psicológico no qual fiquem muito claramente colocadas as responsabilidades de cada um dos sujeitos nesse trabalho de formação.

Ao professor caberá a responsabilidade de planejar as aulas com conteúdos atuais, significativos para os alunos e motivadores, com atividades dinâmicas e metodologias ativas que favoreçam e incentivem a participação e o trabalho individual e coletivo. Ele também se responsabilizará por organizar um processo de avaliação que, superando o sistema de provas para aprovação, permita o acompanhamento contínuo dos alunos, oferecendo *feedback* e orientação que lhes permita aprender durante o processo e valorize todas as atividades que eles fizerem dentro e fora da sala de aula, tendo em vista sua formação.

Ao aluno caberá a responsabilidade de se preparar para a participação nas aulas, trazendo suas contribuições para cada encontro e realizando as atividades programadas para o ambiente extraclasse e em classe. A presença às aulas é condição imprescindível, porque é nesse espaço-tempo que o aluno aprenderá a se tornar um profissional competente e cidadão.

É importante que os acordos de corresponsabilidade entre professor e alunos sejam celebrados, para que assim se materialize o trabalho conjunto e concreto na construção da disciplina e das aulas.

COMBINANDO O PRÓXIMO ENCONTRO: ORGANIZAR O PROGRAMA DE TRABALHO

Solicita-se que os alunos reflitam até a próxima aula sobre tudo que aconteceu nesse primeiro encontro para, juntamente com os colegas que porventura não tenham vindo à primeira aula, que se *organize no segundo encontro o programa de trabalho para o semestre.*

De sua parte, o professor compromete a, levando em conta tudo que foi debatido e as sugestões apresentadas na primeira aula, levar para o próximo encontro, de forma organizada, o esboço de um programa de trabalho para o semestre.

Tal programa deverá apresentar, em linguagem compreensível para os alunos, os objetivos de formação profissional que aquela disciplina poderá oferecer, os grandes temas atualizados e organizados por interesse, as metodologias e técnicas que serão usadas para atividades dentro e fora de sala de aula, o processo avaliativo e critérios de avaliação, a bibliografia básica e o cronograma.

Esse programa será explicado e debatido com os alunos (inclusive com os retardatários que estão chegando agora para iniciar a disciplina).

É possível que os colegas professores, ao mesmo tempo que reconheçam trilhas de inovação nessas práticas pedagógicas, estejam se perguntando pelo tempo "perdido" com relação aos conteúdos.

Gostaria de terminar com um depoimento de quem inicia todos os seus cursos (em nível de graduação e de pós-graduação *stricto sensu*) dessa maneira há algum tempo: a) o tempo gasto com essas atividades se encaixa num período comum de duas aulas (100 ou 150 minutos); b) com o envolvimento e a motivação dos alunos, a aprendizagem se constrói muito mais eficaz e rapidamente durante as semanas seguintes – os estudantes de

Marcos T. Masetto

fato aprendem e não apenas "passam" pela matéria; c) a reorganização dos conteúdos por grandes temas e o emprego de metodologias participativas mantêm o interesse e envolvimento dos alunos. Ao final do semestre, verão com surpresa que não só o programa foi discutido, mas o que é principal e mais importante: ele foi aprendido pelos alunos.

Nota

1. Veja outras técnicas para iniciar a disciplina, motivar os alunos e incentivar sua participação em Masetto (2010).

Referências bibliográficas

MASETTO, M. T. *O professor na hora da verdade*. São Paulo: Avercamp, 2010.

Leitura complementar

MASETTO, M. T. *Competência pedagógica do professor universitário*. 3. ed. São Paulo: Summus, 2012.

_____. *Desafios para a docência universitária na contemporaneidade*. São Paulo: Avercamp, 2015.

16 DESAFIO: AS AULAS EXPOSITIVAS APRESENTAM ALGUMA TRILHA DE INOVAÇÃO COMO PRÁTICA PEDAGÓGICA UNIVERSITÁRIA?

INTRODUÇÃO

PARECE MUITO ESTRANHO que, tratando de trilhas abertas de inovação no ensino superior e de inovar a prática pedagógica universitária com significado, este livro traga para a reflexão e debate tal desafio, uma vez que as aulas expositivas, em geral, se apresentam como ícones de um ensino tradicional nas IES.

Acreditamos que esse desafio deva ser posto para que possamos resgatar objetivos das aulas expositivas como técnica de aprendizagem que estão absolutamente esquecidos – ou melhor, desconhecidos, porque elas foram escolhidas e usadas secularmente como instrumentos de transmissão de informações teóricas e práticas para alunos desconhecedores desses conhecimentos, os quais deveriam ser absorvidos e reproduzidos.

Neste capítulo, buscamos resgatar os objetivos da aula expositiva para a aprendizagem dos alunos e identificar e selecionar outras técnicas para aprendizagem de informações que substituam com vantagem o uso das aulas meramente expositivas.

AULA EXPOSITIVA E APRENDIZAGEM

No Capítulo 10, abordando o tema das metodologias ativas, chamamos a atenção para a característica de instrumento que todas as técnicas de aprendizagem trazem consigo, e como tais elas se definem como meios eficientes para se alcançar determinados objetivos.

Coerentes com esse princípio, perguntamo-nos: a que objetivos de aprendizagem uma aula expositiva pode atender? São três esses objetivos: a) abrir um tema de estudo; b) sistematizar várias atividades de estudo de um tema; c) comunicar um fato, um fenômeno, uma experiência, uma vivência importante para os estudos que não se encontrem em publicações. Tal comunicação pode ser feita tanto pelo professor como pelos alunos.

Aula expositiva como abertura de um assunto ou tema

Ao iniciar um tema, o professor visa instigar a curiosidade do aluno para o assunto que será estudado, despertar seu interesse, relacionar o tema com projetos ou acontecimentos atuais e com situações concretas da vida profissional e orientar como será estudado o assunto naquela unidade de trabalho (bibliografia, técnicas, recursos, distribuição das atividades ao longo das aulas etc.)

Para alcançar tais objetivos, o professor poderá usar uma fala motivacional, enriquecida com pequenos vídeos, fotos, revistas ou periódicos atuais, programas de TV, indicação de filmes etc. O tempo não deve ultrapassar 15 minutos, tempo de atenção que um grupo de pessoas pode manter. Nos próximos cinco minutos, o docente explicará como será o trabalho nessa unidade: atividades propostas, participação dos alunos e cronograma.

Não estranhemos o tempo: não vamos usá-lo para "passar a matéria"; apenas para causar impacto, despertar a curiosidade, o interesse e a motivação do aluno para estudar aquele tema determinado.

Transcorridos os 20 minutos, a aula expositiva está encerrada. Na sequência imediata, os alunos passarão a desenvolver – individualmente, em duplas, trios ou pequenos grupos – as atividades que o professor preparou para iniciar o estudo do assunto. Para atingir esse novo objetivo – adquirir as informações previstas – usaremos outras técnicas adequadas, as quais comentaremos mais adiante.

Aula expositiva usada para concluir e sistematizar atividades de estudo

Essa é uma situação diferente no contexto da aula. Por meio de dinâmicas várias envolvendo leituras e estudos individuais sobre um tema, pesquisas com registro e documentação, síntese de leituras, redação de textos, organização, integração e intercâmbio de informações com colegas em pequenos grupos para resolver dúvidas, apresentar perguntas, debater ideias, esclarecer e aprofundar conceitos – ou até mesmo para solucionar um caso –, os alunos estudaram um tema.

O professor acompanhou esses estudos na preparação para os encontros presenciais nas aulas e nas atividades individuais e coletivas em sala, avaliando o que os alunos de fato aprenderam por eles mesmos, dúvidas que permaneceram, perguntas que não foram respondidas e, talvez, conceitos concebidos erroneamente. Então ele planeja uma aula expositiva, de no máximo 20 minutos, com o objetivo de concluir com uma síntese o estudo do tema realizado pelos alunos. Tal conclusão pode ter uma linha que resuma os pontos principais, ser um conjunto sistematizado de respostas às dúvidas e perguntas não resolvidas, uma análise da solução do caso ou outro formato que, a juízo do professor, seja interessante como conclusão do estudo.

O professor jamais deverá desconsiderar ou ignorar todo o esforço e o estudo do grupo e, nesse final, dar uma aula expositiva tradicional sobre o tema, repetindo tudo que os alunos já estudaram.

Essa aula expositiva como conclusão de estudos feitos terá a atenção dos alunos porque todos estarão curiosos para saber o que o professor vai comentar, acrescentando algo de novo e interessante para além do que eles já estudaram.

Aula expositiva como técnica de aprendizagem para uma comunicação específica do professor ou dos alunos

Com efeito, por vezes surgem situações em aula que merecem um tempo para intercâmbio de experiências vividas pelo professor ou por alunos que são relevantes para a aprendizagem e não estão publicadas; portanto, não podem ser acessadas pelos alunos. A comunicação oral e viva é o único canal possível. Respeitando-se um tempo de 20 minutos, essa comunicação poderá ser integrada às atividades da aula.

Com essa reflexão excluímos dos objetivos da técnica de aula expositiva exatamente aquele para o qual a maioria dos professores do ensino superior a emprega: transmitir informações aos alunos – ou, num linguajar bem nosso de professores, "passar a matéria toda dentro do cronograma preestabelecido".

Por que excluímos?

- As informações básicas e fundamentais para a aprendizagem do aluno em geral encontram-se em fontes acessíveis a eles: livros-texto, livros e revistas em bibliotecas, videotecas, internet etc. A facilidade de acesso imediato e em tempo real às informações por meio das mais diferentes tecnologias digitais de informação e comunicação lhe permitem acessar e adquirir as informações necessárias e atuais. Se o aluno for incentivado a buscar as informações, ele aprenderá a fazê-lo, o que lhe será útil pelo resto da vida; aprenderá a ler e compreender o que os autores escrevem e resolver as dúvidas que tenha; aprenderá a ler livros técnicos de sua área; desenvolverá seu raciocínio e sua capacidade de pensar e trazer contribuições. Aprenderá a ser mais ativo em seu processo de aprendizagem e a valorizar o encontro com o professor e seus colegas, uma vez que tais encontros se tornarão essenciais para a compreensão total do assunto. Para incentivar o aluno a buscar informações, há de se trabalhar de forma diferente com a leitura extraclasse e o uso de técnicas dinâmicas em aula, como veremos mais adiante.
- A aula expositiva com o objetivo de passar a matéria aos alunos atende talvez ao objetivo de ensinar, não a objetivos de aprendizagem.
- Todos sabemos que grupos de 50 ou 60 alunos não conseguem manter a atenção por 50, 100 ou às vezes até 150 minutos, ouvindo um professor, vendo-o fazer demonstrações na lousa, ou observando-o na realização de exercícios ou na explicação de fórmulas.
- Dispomos de outras técnicas de aprendizagem apropriadas para incentivar a aquisição, atualização, compreensão, fixação, comparação e

inferências de informações, além de analisá-las, criticá-las e aplicá-las a situações profissionais buscando resolver problemas concretos da profissão. *Possuímos técnicas e recursos que valorizam o desenvolvimento intelectual dos alunos por meio do incentivo aos diferentes processos cognitivos e operações mentais que permitam a aprendizagem de construção de um conhecimento pessoal e próprio que lhe ofereça fundamentos teóricos para uma ação competente como profissional.*

TÉCNICAS QUE SUBSTITUEM COM VANTAGEM AS AULAS EXPOSITIVAS TRADICIONAIS

Ensino com pesquisa e seminário

Técnicas já estudadas no Capítulo 14 deste livro.

O estudo de caso

Esta técnica tem por objetivo colocar o aluno em contato com uma situação profissional real ou simulada. Real quando o professor toma uma situação profissional existente e a apresenta aos alunos para ser estudada e encaminhada com soluções adequadas. Simulada quando o docente, visando à aprendizagem de determinados conceitos, teorias, habilidades ou valores, "compõe" uma situação profissional com vários aspectos reais.

O estudo de caso pode ser usado para demonstrar uma teoria analisada, e então o aluno aprende apenas a verificar como os conceitos e teorias se aplicam à profissão. Não é desse tipo de estudo de caso que estamos falando.

O estudo de caso pode ser empregado para incentivar a aprendizagem do aluno em vários aspectos: na área cognitiva (e nesse sentido substituirá com vantagem a aula expositiva tradicional) e na área das habilidades e atitudes profissionais.

Essa técnica ajuda o aluno a aprender a:

- entrar em contato com uma situação real ou simulada de sua profissão, buscando diagnosticá-la e compreendê-la levando em conta as variáveis que nela interferem e buscar uma solução para o problema;
- *buscar informações necessárias para a compreensão e o encaminhamento da situação-problema;*
- aplicar as informações à situação real, integrando teoria e prática;
- aprender a trabalhar em equipe, incluindo a possibilidade de discussão entre os colegas na busca de solução;
- desenvolver a capacidade de analisar problemas e encaminhar soluções e preparar-se para enfrentar situações reais e complexas, mediante a aprendizagem em ambiente não ameaçador (sala de aula).

Ao ser colocado diante de uma situação profissional, o aluno normalmente se sente motivado a estudá-la. O desafio cresce quando se apresenta a ele essa situação como um caso redigido com todos os detalhes e circunstâncias para ser resolvido por ele.

- Convidam-se os alunos a formar duplas.
- Podemos ter o mesmo caso a ser resolvido por toda a turma ou oferecer à sala dois ou mais casos diferentes, para ao final ampliar o espectro de aprendizagens com os estudos de vários casos.
- Estipula-se um prazo para a solução do caso, contando-se com o tempo de aulas e algum tempo fora do espaço faculdade, trabalhando com tecnologia digital.
- Contarão com a orientação do professor, quando necessário.
- Ao receber o caso, deverão lê-lo, estudá-lo, identificar de que informações para resolvê-lo já dispõem e quais delas faltam e terão de ser pesquisadas.
- Dialogar com o professor sobre as informações necessárias e possíveis fontes a ser buscadas, bem como sobre um plano de pesquisa e caminhos para encontrar as informações.
- Com as informações adquiridas, estudá-las e aplicá-las à resolução do caso, procurando, quando necessário, a orientação do professor.

- Resolvido o caso, apresentar sua solução com a fundamentação teórica. Compartilhar com toda a classe o caso resolvido.
- Sempre será importante um plenário para ampliar o conjunto de informações novas adquiridas e discutir as soluções encontradas. O objetivo é enriquecer o grupo: é possível que as soluções sejam diferentes ou os processos de solução sejam variados – ou porque, se forem casos diferentes, a abrangência da experiência será bem maior.

Trata-se de uma técnica muito rica, dadas as possibilidades amplas de aprendizagem e de formação do aluno. Isso quando bem conhecida, bem explorada e adequadamente aplicada.

Desenvolvendo sua proatividade, com orientação do professor e colaboração dos colegas, os alunos estudam e aprendem conceitos e teorias (sem necessidade de aulas expositivas tradicionais), aplicam-nos em situações profissionais e desenvolvem concretamente um aprendizado em direção à sua profissão, incluindo desenvolvimento de habilidades e atitudes para além de seu desenvolvimento intelectual.

PAINEL INTEGRADO OU GRUPOS COM INTEGRAÇÃO HORIZONTAL E VERTICAL

Trata-se de uma técnica que favorece a análise aprofundada de temas ou assuntos teóricos mais complexos, exigindo estudo de um ou mais autores.

Inicia-se com uma apresentação do tema pelo professor, como já sugerimos (20 minutos), com o objetivo de despertar os alunos para a atualidade e relevância do assunto, bem como de motivá-los a participar da pesquisa sobre o assunto utilizando uma técnica nova e desafiadora.

Passa-se a explicar aos estudantes os objetivos e o funcionamento da técnica denominada painel integrado.

Objetivos:
- Estudo e aprofundamento de temas mais abrangentes ou complexos.
- Desenvolvimento de atuação em equipe no levantamento de informações em sua organização e em seu estudo crítico.

Marcos T. Masetto

- Desenvolvimento de habilidades de documentação e redação das informações, bem como de comunicação delas a outros colegas.
- Desenvolvimento de atitude de responsabilidade para comunicar aos colegas, com exatidão, as informações trabalhadas e concluídas pelo seu grupo.

Como funciona essa técnica?

Na semana anterior ao painel integrado, divide-se a classe em grupos de cinco ou no máximo seis pessoas. A cada grupo se encaminha um capítulo de livro ou um artigo a ser estudado individualmente por cada participante do grupo, que trará uma síntese escrita para a próxima aula. Se o professor entender que o texto a ser estudado por todos os grupos deva ser o mesmo, é aconselhável propor que cada grupo estude uma parte do texto, com orientação sobre como trabalhá-la.

Na próxima aula, a aplicação do painel integrado se faz em três momentos:

No primeiro, cada grupo se reúne para verificar a compreensão do capítulo ou artigo que lhe foi atribuído, resolver dúvidas ou levantar perguntas e elaborar um texto que será uma síntese do tema estudado. Esse texto, copiado literalmente por todos os participantes do grupo, no segundo momento será comunicado por cada participante a outros colegas. Distribui-se entre os membros do grupo um número de 1 a 5 ou 1 a 6.

No segundo momento, reúnem-se os números 1 de todos os grupos, os números 2 de todos os grupos e assim por diante, formando-se agora novos grupos compostos de cinco ou seis elementos vindos cada um de um grupo diferente que trabalhou no primeiro momento.

Nesse segundo momento, a atividade será trocar e integrar as informações estudadas anteriormente nos grupos, de tal forma que todos os alunos possam se informar e discutir todos os capítulos ou artigos estudados em cada um dos grupos do primeiro momento.

A troca de informações é garantida pelas conclusões anotadas. Estas serão explicadas e discutidas e poderão até ser modificadas pelo novo grupo à luz das outras questões surgidas no novo agrupamento pelos demais participantes.

Trilhas abertas na universidade

A nova discussão procurará conhecer e compreender as informações trazidas pelos vários grupos e integrá-las. Além disso, esse segundo momento poderá ter outro objetivo – por exemplo, resolver um caso ou responder a determinada questão utilizando as informações adquiridas, para socialização num plenário posterior.

O terceiro momento será o do professor. Com efeito, durante o segundo momento, o professor se colocará em um dos grupos reunidos e ouvirá, sem participar da discussão, o que está sendo trazido de cada um dos grupos anteriores para esse novo. Assim, ficará a par do que está sendo colocado em todos os agrupamentos. De posse dessa informação, o professor decidirá se e como deve intervir: corrigindo uma informação incorreta, sublinhando outras, ampliando umas terceiras, debatendo pontos que ficaram obscuros, respondendo a dúvidas e/ou perguntas.

Para o bom funcionamento dessa técnica, é importante que o docente tome alguns cuidados de organização: previsão adequada e controle rígido do tempo de cada momento; que o trabalho do primeiro momento seja realizado apenas por quem tenha se preparado para tal; que cada participante saia do primeiro grupo com anotações sobre as conclusões que deverá levar para o segundo grupo, não confiando em sua memória. Aliás, o papel de levar informações corretas de um grupo para outro indica a responsabilidade do aluno para com os colegas.

A técnica do painel integrado permite que cada aluno estude quatro vezes o tema proposto: na preparação individual para a aula e no primeiro, no segundo e no terceiro momento, com participação contínua, interação com colegas e com o professor. Sem dúvida, aprendizagem de conteúdos e teorias sem necessidade de aula expositiva tradicional.

PEQUENOS GRUPOS PARA FORMULAR PERGUNTAS

Trata-se de uma das técnicas mais dinâmicas para ser usada em aula com os objetivos de estudar um assunto ou adquirir informações, aprofundar conhecimentos, desenvolver a habilidade de aprendizagem colaborativa, aprender a ouvir os colegas e a dialogar com eles.

Marcos T. Masetto

Como funciona? Na semana anterior à realização da técnica, indica-se um texto a ser estudado, sobre determinado assunto, por todos os alunos para o próximo encontro. Do estudo do texto, cada aluno deverá trazer para a próxima aula duas ou três perguntas inteligentes – isto é, que revelem dúvidas ou não compreensão do texto, aspectos importantes que se gostaria de ver estudados com mais profundidade, temas de grande atualidade, questões que se relacionem com outras disciplinas. Tais perguntas deverão ser trazidas redigidas de forma legível em uma folha de papel. Evidente que não servirão perguntas que se retirem diretamente do texto e cuja resposta aí se encontre com facilidade.

No dia da aula, formam-se grupos com cinco alunos cada um. Durante 15 minutos, o grupo deverá ler e compreender as dez ou no máximo 15 perguntas trazidas de casa e selecionar duas que considerarem as "mais inteligentes". Estas poderão ser selecionadas entre as dez ou 15 ou ser novas questões formuladas pelo grupo usando sugestões das perguntas que trouxeram de casa. As questões deverão ser escritas em uma folha de papel sulfite, com letra legível e com o nome do grupo que as formulou. Encerrado o tempo, e redigidas as perguntas, o professor percorre rapidamente os grupos, apenas para se certificar de que as perguntas de fato são interessantes para debater o assunto.

Inicia-se uma de várias rodadas: o grupo que formulou as duas perguntas, sem responder a elas, passa-as para o grupo mais próximo, e assim os demais grupos, no sentido anti-horário. Dá-se 15 minutos para que o grupo responda por escrito às duas perguntas que recebeu. Em seguida, as perguntas respondidas são passadas para o grupo seguinte. Esse novo grupo terá dez minutos para: ler as perguntas, compreendê-las, ler as respostas dadas pelo grupo anterior e redigir agora sua resposta, que poderá concordar com as do grupo anterior, justificando sua resposta, complementá-la, corrigi-la ou delas discordar, dando então sua resposta. Tudo isso sem rabiscar a resposta do primeiro grupo, mas escrevendo na mesma folha, na sequência.

Passa-se para um terceiro e, no máximo, para um quarto grupo, que farão o mesmo trabalho no mesmo tempo.

Terminada a última rodada, a folha com as perguntas e as respostas dos três ou quatro grupos são devolvidas ao grupo original que as formulou. Este vai agora analisar as respostas dos grupos e, então, redigir a sua resposta, que poderá ou não concordar com o que foi anotado. Por último, em plenário, cada grupo lê as perguntas e as respostas, permitindo esclarecimentos possíveis, complementações por parte do professor, debate e até um comentário do professor sobre a pertinência das perguntas: foram elas de fato inteligentes?

Caberá ao docente encerrar a atividade com aquela aula expositiva síntese de que falamos no início do capítulo para destacar os aspectos mais importantes do texto e do tema que foram contemplados com as perguntas e as respostas. E, se for o caso, completar a temática com pontos que não foram abordados ou corrigir aqueles que foram apresentados erroneamente.

AULA INVERTIDA

Técnica coerente com a proposta pedagógica do ensino híbrido, que privilegia o processo de aprendizagem do aluno e não mais a simples transmissão de informações.

A responsabilidade pela aprendizagem é do estudante, que assume uma postura mais ativa nas aulas a partir de sua preparação. O papel do professor é o de mediador e consultor do aprendiz. O uso de TDIC integradas às demais técnicas é fundamental.

Baseados nesses princípios, apresenta-se a técnica da *aula invertida*: espaço e tempo de aula não são utilizados pelo professor para transmitir informações de modo tradicional, mas empregados para que os alunos – com apoio e orientação do professor e colaboração dos colegas – consigam aprofundar os estudos, debater informações, resolver problemas, realizar as atividades propostas e desenvolver projetos, descobrindo assim o significado e a relevância do que estão aprendendo.

Para desenvolver tal participação, o aluno deverá chegar preparado para a aula com atividades que, sob a orientação do professor, realizará em casa: por exemplo, leitura de textos, resolução de exercícios, respostas a questões formuladas, assistir a um vídeo, pesquisar em sites, fazer registros de leituras e pesquisas, elaborar um texto, participar de um fórum etc. Em ambiente não escolar, o aluno poderá escolher seu ritmo de trabalho, desenvolver sua autonomia de estudos e fazer uma autoavaliação diagnóstica do que vai estudar.

Com essa preparação, reserva-se o tempo de aula para resolver dúvidas, trazer novas perguntas, debater ideias e princípios teóricos, discutir resultados de exercícios ou de problemas resolvidos, novas pesquisas na internet, atividades em laboratórios e outras que poderão ser planejadas pelo professor. Cria-se a oportunidade de construir o conhecimento.

A concentração nas formas mais elevadas do trabalho cognitivo – aplicação, análise, síntese, significação e avaliação desse conhecimento – ocorre em aula, quando o aprendiz tem o apoio dos colegas e do professor.

As atividades em sala incentivam as trocas sociais entre os colegas. A colaboração entre alunos e a interação com o professor são aspectos fundamentais do processo de ensino-aprendizagem que a sala de aula tradicional não incentiva. Como propiciar isso?

Em aula, o professor pode recorrer a uma técnica que o ensino híbrido denomina *rotação por estações*: os estudantes organizam-se em grupos e cada grupo realiza uma das atividades planejadas pelo professor, de acordo com os objetivos de aprendizagem daquela aula.

As tarefas podem envolver discussões em grupo com ou sem a presença do professor, atividades escritas, leituras e, necessariamente, uma atividade on-line que possa ser realizada independentemente da presença do professor. É importante valorizar momentos em que os alunos trabalhem colaborativamente e aqueles em que possam fazê-lo individualmente.

A variedade de recursos e atividades proposta para os diferentes grupos (vídeos, leituras, trabalho individual e colaborativo) favorece a personalização da aprendizagem, pois nem todos os alunos aprendem da mesma forma e no mesmo ritmo.

Depois de determinado tempo (combinado previamente com os alunos), os grupos trocam de atividade (chamadas de estações), produzindo-

Trilhas abertas na universidade

-se uma rotação entre elas, até que todos os grupos tenham realizado todas as atividades e acessado todos os conteúdos, integrando-os.

Ao início e ao término dos trabalhos, o professor atua como mediador, levantando os conhecimentos prévios, estimulando o trabalho colaborativo e sistematizando os aprendizados da aula.

Daqui podemos inferir a grande importância que o ensino hibrido dá à *aula invertida*. Com efeito, seus propositores afirmam que uma das novidades do ensino híbrido está justamente em inverter a ordem tradicional do processo de ensino: na aula expositiva tradicional a informação é transmitida pelo professor em aula a alunos que o assistem passivamente, e só após a aula são solicitadas tarefas de casa para fixar as informações, memorizá-las, aplicá-las em exercícios, responder a questões, fazer resumos e sínteses da matéria.

Na aula invertida os alunos substituem a "aula do professor" pela preparação individual em ambiente extraescolar. Chegam à sala para realizar atividades interessantes, desafiadoras, incentivadoras de pesquisa e instigadoras de sua curiosidade, conscientes de que seu aproveitamento no horário da aula vai depender de sua preparação – pois lá não encontrará um professor para "dar a aula", mas um orientador e colegas que vão trabalhar colaborativamente na solução de dúvidas, no aprofundamento de ideias, na discussão de problemas, na aplicação em projetos. Daí o nome aula invertida.

Sua grande vantagem é que, tanto na preparação para a aula quanto presencialmente no horário dela, alunos e professor apresentam-se como participantes ativos e corresponsáveis pelo processo de aprendizagem e pela construção do conhecimento.

Inclusive, é parte fundamental da aula invertida combinar atividades presenciais com atividades realizadas em ambientes virtuais de aprendizagem com tecnologias digitais de comunicação e informação, a ser usadas tanto na preparação para as aulas como no tempo de sua realização presencial.

As tecnologias digitais modificam o ambiente em que estão inseridas e alteram a disposição de participação dos sujeitos envolvidos, criando relações de mediação entre professor, alunos, conteúdos e TDIC na construção do conhecimento.

Marcos T. Masetto

CONSIDERAÇÕES FINAIS

Neste capítulo, propusemo-nos um grande desafio, composto de duas partes: na primeira, desvelar e projetar objetivos de uma aula expositiva como técnica de aprendizagem para alunos dos cursos de graduação, explicitando objetivos de abertura de um tema a ser estudado, de síntese de estudos feitos sobre um assunto e de comunicação de experiências pessoais.

O segundo desafio foi explicitar que a aula expositiva tradicional não incentiva nem promove a aquisição de informações e conhecimentos e pode ser substituída com vantagem por outras técnicas que colaboram eficazmente para que o aluno aprenda a construir seu conhecimento e desenvolva simultaneamente outras aprendizagens profissionais. Indicamos, a título de exemplos, seis técnicas: ensino com pesquisa, seminário, estudo de caso, painel integrado, pequenos grupos para formular perguntas e aula invertida. Outras técnicas poderão ser encontradas na leitura complementar citada ao final deste capítulo.

Leitura complementar

ANASTASIOU, L.; ALVES, L. P. *Processos de ensinagem na universidade*. Joinville: Univille, 2003.

BACICH, L.; MORAN, J. M. (orgs.). *Metodologias ativas para uma educação inovadora: uma abordagem teórico-prática*. Porto Alegre: Penso, 2018.

BACICH, L.; TANZI NETO, A.; TREVISANI, F. de M. (orgs.). *Ensino híbrido – Personalização e tecnologia na educação*. Porto Alegre: Penso, 2015.

BAIN, K. *Lo que hacen los mejores profesores universitarios*. Valência: Ed. da Universitat de València, 2004.

DE LA TORRE, S. (org.). *Estrategias didácticas en el aula – Buscando la calidad y la innovación*. Madri: Universidad Nacional de Educación a Distancia, 2008.

GAETA, C.; MASETTO, M. T. *O professor iniciante no ensino superior: aprender, atuar e inovar*. São Paulo: Senac, 2013.

HORN, M. B.; STAKER, H. *Blended – Usando a inovação disruptiva para aprimorar a educação*. Porto Alegre: Penso, 2015.

Trilhas abertas na universidade

IMBERNÓN, F. *Inovar o ensino e a aprendizagem na universidade*. São Paulo: Cortez, 2012.

LEMOV, D. *Aula nota 10*. São Paulo: Fundação Lemann, 2011.

LOWMAN, J. *Dominando as técnicas de ensino*. São Paulo: Atlas, 2004.

MASETTO, M. T. *O professor na hora da verdade*. São Paulo: Avercamp, 2010.

_____. *Competência pedagógica do professor universitário*. 2. ed. São Paulo: Summus, 2012.

_____. "Mediação pedagógica e tecnologias de informação e comunicação". In: MORAN, J. M.; MASETTO, M. T.; BEHRENS, M. A. *Novas tecnologias e mediação pedagógica*. 21. ed. Campinas: Papirus, 2013.

MORAN, J. M.; MASETTO, M. T.; BEHRENS, M. A. *Novas tecnologias e mediação pedagógica*. 21. ed. Campinas: Papirus, 2013.

PALLOFF, R.; PRATT, K. *O aluno virtual*. Porto Alegre: Artmed, 2004.

17 PROCESSO DE AVALIAÇÃO INTEGRADO AO PROCESSO DE FORMAÇÃO NOS CURSOS DE GRADUAÇÃO

INTRODUÇÃO

A AVALIAÇÃO DOS alunos nos cursos de graduação do ensino superior apresenta uma formalização centenária, e todos os professores universitários a conhecem muito bem por terem passado por ela e por terem-na realizado durante todos os anos em que exerceram e continuam exercendo a docência.

A experiência escolar de avaliação desses professores esteve marcada pelos mesmos procedimentos e normas, estabelecidos pelas instituições educacionais em todos os níveis, do ensino fundamental e médio ao superior. E a força da inércia faz que continuemos repetindo ano após ano o que fizeram conosco nos bancos escolares.

Vale acrescentar o reforço que os meios de comunicação, representando a sociedade, dão a esse tipo de avaliação toda vez que se discute a questão do nível de educação de nossas crianças, jovens e profissionais.

Outro fator pode ter marcado os docentes: o enraizamento em sua cultura de que a avaliação é atribuição exclusiva da própria instituição, visto que critérios de avaliação, cronograma e modalidades de provas, seus valores e índices de aprovação e reprovação, notas e conceitos são definidos por ela, cabendo ao professor apenas cumprir o estabelecido e normatizado.

Por isso, procurar inovar a prática pedagógica de avaliação na universidade parece deveras desafiador.

Acreditamos que uma trilha inovadora passe por dois caminhos: a) a oxigenação de nossa mente de docentes com relação ao significado da avaliação; b) a descoberta do processo de avaliação como integrante do processo de aprendizagem e formação profissional.

RESGATANDO O SIGNIFICADO DE AVALIAÇÃO DA APRENDIZAGEM

A concepção de avaliação que, em geral, o professor de ensino superior assume consiste em duas atitudes do docente: verificar se o que o aluno fez está certo ou errado e medir o percentual de acertos e erros cometidos por este. Esses dois indicadores lhe são suficientes para atribuir uma nota ao estudante, que indicará sua aprovação ou reprovação, encerrando-se a avaliação com a publicação dessas notas (Luckesi, 1995). Esse é o primeiro ponto para resgatarmos o significado da avaliação.

Partindo desse conceito tradicional de avaliação, sabemos que, além desses dois indicadores (verificar e medir), há um terceiro elemento constitutivo do processo de avaliação: a orientação do aluno.

Num processo de avaliação, é necessário verificar se os objetivos de aprendizagem foram ou não alcançados, em que medida o foram e qual será a orientação dada ao aluno para que ele corrija o que errou, complete o que faltou ou aperfeiçoe o que já aprendeu – ou seja, prossiga em seu processo de aprendizagem.

Esse terceiro elemento, sem dúvida o mais importante desse processo, não é, em geral, trabalhado pelos professores na avaliação. Eles se contentam em atribuir uma nota para dar prosseguimento ao processo de aprendizagem, como se esse tipo de informação fosse suficiente para orientar os alunos em sua formação. E sabemos que não o é, uma vez que nota ou conceito não consegue expressar de forma clara aos estudantes o que aprenderam ou não durante o processo de aprendizagem, onde erraram ou acertaram, por que assim o fizeram, como corrigir os erros e aperfeiçoar os acertos... Em uma palavra, os alunos não se sentem orientados com a publicação de notas ou conceitos.

A orientação dos alunos num processo de avaliação precisa ser expressa em informações (*feedbacks*) escritas ou orais, que permitam o diálogo entre professor e aluno visando que ambos se entendam e que o aluno perceba se aprendeu o que dele se esperava. E, se não aprendeu, o que fará para recuperar o aprendizado imediatamente e prosseguir motivado nesse processo.

Marcos T. Masetto

Os *feedbacks* têm de ser claros, contínuos e imediatos, acompanhando os diferentes momentos de aprendizagem: momentos de acerto, de erro, de sucesso, de desânimo, de entusiasmo e/ou de desmotivação, que são comuns a todo processo de aprendizagem e podem ser superados com apoio, diálogo e sugestões de atividades por parte do professor. O processo de avaliação está integrado ao processo de aprendizagem e existe em função dele.

O importante é que os alunos se sintam acompanhados, orientados, apoiados e incentivados a perseguir sua formação. Assim, a avaliação existe para: motivá-lo a aprender; incentivá-lo a alcançar os objetivos propostos para sua educação; ajudá-lo a superar as dificuldades de aprendizagem; encorajá-lo quando erra e auxiliá-lo a corrigir seu erro; mostrar-lhe como poderá avançar para além dos objetivos propostos quando estes já foram alcançados; ajudá-lo a descobrir suas potencialidades a fim de desenvolvê--las e seus limites para superá-los.

A construção de uma perspectiva positiva de avaliação só poderá acontecer *num trabalho árduo, contínuo e conjunto entre professor e alunos*. Não há um momento primeiro em que os professores mudem sua cultura e um momento segundo em que os alunos façam o mesmo: professores e alunos vivem juntos um único processo de aprender, e juntos precisarão modificar sua cultura sobre o processo de avaliação.

Essa mudança cultural se manifestará por meio de uma prática pedagógica que envolva professor e aluno na construção de um novo processo de avaliação, com atividades, recursos e técnicas que ajudem a realizar o diagnóstico da aprendizagem desenvolvida ou não, a oferecer *feedbacks* contínuos e imediatos e orientações apropriadas aos alunos, sempre os incentivando a aprender, a prosseguir, a não desanimar, a corrigir, a crescer na busca de sua formação.

No Capítulo 15 deste livro, abordamos uma modalidade diferente de iniciar uma disciplina num curso de graduação. Ali destacamos que o início de uma disciplina pode se tornar um momento muito favorável para dialogar com os alunos sobre o significado da avaliação e para propor um processo diferente de realizá-la. Agora podemos pensar em planejar conjuntamente com nossos alunos um novo processo de avaliação com as perspectivas aqui comentadas e com práticas pedagógicas coerentes.

Trilhas abertas na universidade

AVALIAÇÃO COMO PARTE DO PROCESSO DE FORMAÇÃO PROFISSIONAL

O segundo caminho para resgatar o significado da avaliação encontramos na concepção da avaliação como parte do processo de aprendizagem.

Sabemos, inclusive pela nossa própria experiência, que o processo de aprendizagem de cada um é próprio e personalizado. Ele não é o mesmo nem acontece do mesmo modo para todas as pessoas. Cada um de nós tem um ritmo próprio de aprender: uns são mais rápidos, outros, mais lentos; uns têm facilidade de aprender certas coisas e dificuldade com outras; às vezes, aprendemos num piscar de olhos, enquanto em outras situações necessitamos de mais tempo, exercícios e estudos.

Isso explica, inclusive, por que nossos planos de disciplinas realizados para que todos os alunos aprendam num mesmo tempo e com a mesma técnica os objetivos propostos poucas vezes permitem que a aprendizagem aconteça.

Para que o processo de aprendizagem possa efetivamente levar um sujeito a alcançar seus objetivos, ele precisa de outro sistema, que se integre a ele e o acompanhe em todos os seus momentos de formação, oferendo informações (*feedbacks*) de acordo com as necessidades: correção quando houver erro, orientação quando se torna difícil avançar, incentivo nos momentos de desânimo, apresentação de atividades diferenciadas para impulsionar a aprendizagem.

Em suma, a avaliação está integrada ao processo de aprendizagem. Ambos não acontecem em paralelo, em ritmos e atividades diferenciadas e sem conexão entre si. Ambos estão voltados para os mesmos objetivos: aprendizagem e formação profissional dos alunos.

Enquanto o *processo de aprendizagem* estabelece os objetivos de formação a ser alcançados, os temas a ser estudados, as metodologias ativas a ser empregadas, a bibliografia a ser pesquisada e a relação professor-aluno a ser construída, o *processo de avaliação* visa planejar o acompanhamento da formação passo a passo, procurando sempre – com *feedbacks* ou informações contínuas – incentivar o aluno a realizar as atividades propostas.

Por isso dissemos que a avaliação é um processo que está integrado ao processo de aprendizagem e só existe em função dele e para fazê-lo acontecer.

Para ser efetivo, o processo de avaliação demanda um conjunto de instrumentos ou técnicas que ofereçam os *feedbacks* ao aluno e ao professor com base nas atividades didáticas planejadas para o desenvolvimento da disciplina ou do curso, em atividades individuais ou coletivas, em pequenos grupos com a turma toda, em plenário, em ambientes presenciais, virtuais e profissionais.

TÉCNICAS E RECURSOS PARA UM NOVO PROCESSO DE AVALIAÇÃO

Vários são os autores, como se poderá observar na leitura complementar ao final deste capítulo, que abordam esta questão. Aqui selecionamos alguns recursos e técnicas que trazem de forma mais explícita elementos inovadores para pensarmos e construirmos o processo avaliativo como prática universitária com significado.

Observação e *feedbacks* orais

Trata-se de uma atitude muito comum dos professores em aula, mas pouco valorizada como técnica de avaliação no sentido que vimos discutindo. Ultimamente se tem observado um resgate dessa técnica como um excelente instrumento de acompanhamento das atividades dos alunos.

Trata-se de acompanhar aulas práticas, laboratórios, situações profissionais simuladas, visitas técnicas, estágios supervisionados, atividades clínicas e as dinâmicas de grupos de discussão, de debate etc. com uma atitude de observação atenta e contínua para oferecer *feedbacks* adequados, em tempo real e de forma oral durante o exercício da própria prática. Junto do aluno, o docente pode observar seu desempenho e incentivar o diálogo, o debate, os esclarecimentos, correções e aperfeiçoamentos.

Trilhas abertas na universidade

O resgate da observação como técnica avaliativa chama nossa atenção para dois elementos fundamentais para seu adequado funcionamento: explicitação dos objetivos de aprendizagem que se espera nessas atividades práticas e *feedbacks* orais imediatos durante o desenvolvimento das observações, nos momentos oportunos.

É importante que o professor chame a atenção dos alunos para o fato de que ali, naquele momento, está sendo oferecido um *feedback* oral, devendo este ser compreendido como tal.

Feedbacks comentados

O planejamento da participação dos alunos nas aulas incluirá atividades a ser realizadas antes e ao longo delas. Tais atividades podem ser individuais ou coletivas: estudo de textos, leituras, exercícios, sínteses, respostas a questionamentos, resolução de problemas ou de casos, relatórios de grupos, textos produzidos etc.

É necessário que o professor analise o material produzido pelos alunos a fim de verificar se as atividades solicitadas em preparação foram feitas, corretamente, os temas, compreendidos, e os casos, resolvidos – enfim, se cada estudante e os grupos realmente aprenderam o que se esperava deles nessa aula, o que esteve correto, o que necessita de aperfeiçoamento, o que precisa ser esclarecido, complementado ou até mesmo corrigido.

Essas observações do professor se transformam em devolutiva, com informações e orientações. Para que esse *feedback* produza os resultados esperados, ele deve ser redigido numa linguagem que facilite a compreensão dos estudantes e promova o diálogo entre estes e o professor.

É preciso deixar claro que notas, pontos, conceitos, classificações ou outras anotações semelhantes a essas não são considerados *feedbacks*, pois não comunicam de forma clara as observações quanto ao desempenho do aluno, seu aproveitamento ou não nas atividades planejadas.

Entendemos que as IES estabelecem notas ou conceitos para confirmar a aprovação ou reprovação do aluno. Mas entendemos também que

Marcos T. Masetto

esses indicadores só têm valor se representarem o processo de aprendizagem do aluno como um todo, com seus acertos, erros, correções de erros, avanços, superações e, de fato, aprendizagem. Notas e conceitos no máximo apontam o índice percentual de acertos e erros que aquele aluno conseguiu obter naquela prova específica, e nas circunstâncias em que ela foi realizada.

Informações e comentários sobre o que se aprende durante o processo devem ser registrados e documentados, pelo professor e pelo aluno, para uma posterior reflexão pessoal que mostre, afinal, como aconteceu e se realizou a aprendizagem pretendida e possa haver um compartilhamento das informações do aluno com as de que o professor dispõe.

Competirá ao docente dosar a frequência das atividades individuais e dos relatórios grupais que corrigirá, sobretudo em situações de classes muito numerosas.

Esses *feedbacks*, juntamente com outros, constarão do portfólio que abordaremos a seguir.

Portfólio e autoavaliação

Essa é uma prática pedagógica de avaliação no ensino superior que tem se mostrado deveras significativa para a aprendizagem dos alunos e para uma atuação de inovação na prática docente.

O portfólio é uma pasta física ou eletrônica que cada aluno constrói pessoalmente para arquivar todas as atividades que realiza durante uma disciplina, com seus respectivos *feedbacks* e comentários, indicando alcance de objetivos ou problemas a ser superados e como foram resolvidos, incluindo as atividades que foram realizadas mais de uma vez para superar determinados erros ou falhas de aprendizagem.

A documentação de informações, que se estende por todo o semestre de uma disciplina, é fundamental para que aluno e professor analisem os aspectos de formação profissional desenvolvidos durante todo o semestre e em cada disciplina. O portfólio é, inclusive, a base para que o estudante construa sua autoavaliação reflexiva e documentada, e essa é sua maior vantagem.

Trilhas abertas na universidade

A autoavaliação não costuma ser bem aceita pelos professores no ensino superior, por considerarem-na "uma autodefesa do aluno para conseguir uma nota melhor". Acreditamos que uma consideração sobre a atividade de autoavaliação possa resgatar seu valor.

Em primeiro lugar, é necessário aplicar a ela as mesmas considerações que fizemos a respeito da heteroavaliação. Trata-se de um processo avaliativo do aluno sobre seu desenvolvimento pessoal diante dos objetivos de sua formação profissional, duas vezes por semestre: no meio e ao final dele.

Nesse processo, os *feedbacks* são oferecidos pelo próprio aluno ao analisar as atividades que realizou na disciplina durante determinado período, com os respectivos *feedbacks* dados pelo professor, que se encontram registrados em seu portfólio.

No momento da autoavaliação, as atividades mais importantes são a reflexão e a análise que o próprio aluno faz do conjunto de suas atividades e da aprendizagem adquirida por meio dele durante todo o processo de formação. Na autoavaliação, não se trata de "achar que": o estudante analisa o próprio desenvolvimento com base em dados objetivos e documentados.

Sugere-se ao aluno um roteiro de autoavaliação:

- Retomar os objetivos de formação que ele deveria ter alcançado até aquele momento, segundo o plano de aprendizagem estabelecido.
- Diante desses objetivos, responder, baseado nas atividades realizadas e corrigidas: o que ele percebe ter de fato aprendido? Que objetivos deixou de atingir? Que outros alcançaram uma aprendizagem parcial?
- Identificar os motivos das respostas anteriores.
- No caso das aprendizagens conseguidas ou não, como colaboraram seu envolvimento pessoal, sua dedicação aos estudos, sua assiduidade em realizar as atividades previstas, sua colaboração com os colegas e o relacionamento com o professor, o tempo dedicado aos estudos, o aproveitamento dos momentos de debate com o professor e com os colegas, sua preparação para as aulas presenciais, em ambientes virtuais ou em situações profissionais?
- Identificar suas potencialidades: o que aprendo melhor? Que aspectos da profissão mais me atraem? Como aprendo melhor: sozinho, com os

Marcos T. Masetto

colegas, em pequenos grupos, ouvindo, escrevendo, dialogando, participando, fazendo exercícios, resolvendo problemas, estudando teoricamente? Que técnicas mais me favorecem?

- Quais são minhas limitações? Onde estão minhas dificuldades de aprender? Que técnicas me impedem de fazê-lo? Há algo no relacionamento com o professor e com os colegas que dificulta minha aprendizagem? Pouco envolvimento com os estudos e com minha formação?

- Insistindo em que a base principal dessas respostas está no portfólio, agora é preciso planejar o desenvolvimento para o próximo período de formação: quais de minhas potencialidades podem e devem ser incentivadas e desenvolvidas? Que limitações precisam ser superadas, indicando encaminhamentos de forma muito concreta e com comprometimento e corresponsabilidade pelo meu processo de formação?

Com esses *feedbacks*, o aluno se encontra preparado para um diálogo com o professor, que também tem sua visão de como decorreu o processo de aprendizagem do estudante. Assim será possível analisar e planejar um desenvolvimento maior na próxima etapa.

A prova com consulta

Longe de pensarmos nessa técnica como uma espécie de "cola" para ajudar os alunos em uma prova, que é o que geralmente acontece, a prova com consulta vem resgatando seu verdadeiro significado ao oferecer ao estudante a oportunidade de *se avaliar em situação profissional simulada*, incluindo desenvolvimento de conhecimentos, habilidades e atitudes profissionais.

No trabalho, por vezes surgem problemas e questões para os quais o profissional não dispõe no momento de respostas ou encaminhamentos. Exige-se pesquisa para uma posterior resposta.

Essa é a situação simulada a que desejamos expor nosso aluno em uma prova com consulta e avaliar seu desempenho.

Trilhas abertas na universidade

Para tanto, apresenta-se a ele, sem maiores orientações, um problema a ser resolvido. O professor sabe de antemão que o aluno não dispõe de todas as informações necessárias para solucioná-lo. Dá-se um tempo de 15 dias para que o estudante, utilizando todos os meios que julgar necessários – pesquisa bibliográfica, pesquisas de campo, entrevistas com especialistas, consultas profissionais etc. –, apresente o problema devidamente encaminhado e resolvido.

O objetivo dessa atividade é avaliar se o aluno será capaz de ter uma *performance* profissional competente, desenvolvendo:

- conhecimentos para compreender e resolver o problema com fundamentação teórica explicitada;
- habilidades para buscar as fontes de informação exigidas; preparar e realizar entrevistas e pesquisas de campo, se necessário; documentar as informações coletadas e aplicá-las para solucionar o problema;
- atitudes de pesquisa, buscando fontes primárias para fundamentar as informações; percepção de suas limitações e necessidade de consultar outros especialistas; levantamento de hipóteses até chegar a uma solução; redação final com a apresentação da solução devidamente fundamentada.

Quando da apresentação da atividade realizada, professor e aluno verificarão se todos esses objetivos foram alcançados e dialogarão sobre as orientações necessárias para os aspectos que mereçam reparos. Em geral, os aspectos que exigem mais orientação são os que se referem às fontes primárias, à preparação de entrevistas e pesquisa de campo, à percepção da necessidade de ouvir outros especialistas e à documentação das informações coletadas.

A modalidade de prova com consulta de fato inova o processo de avaliação e a atuação de docentes universitários.

Há de se reconhecer o incentivo à autonomia e ao protagonismo do aluno, a mediação pedagógica por ocasião da verificação do trabalho realizado, a parceria entre professor e aluno e a riqueza dos *feedbacks* finais entre ambos, abrangendo as áreas do conhecimento, de habilidades e de atitudes de um profissional competente numa situação simulada.

AVALIAÇÃO DO DESEMPENHO DO DOCENTE E DO PLANO DA DISCIPLINA NO SEMESTRE

Trata-se de uma avaliação que, em geral, não faz parte das preocupações do professor, o qual se concentra sobretudo em avaliar o desempenho do aluno.

No entanto, em se tratando de um processo de aprendizagem, sua realização está vinculada a um tripé: o desempenho do aluno como sujeito do processo; o desempenho de professor como parceiro e corresponsável pela aprendizagem do aluno; e a adequação do plano de aprendizagem que se está desenvolvendo.

Inferência imediata: num processo de aprendizagem, o aluno se desenvolve ou não, dependendo de seu desempenho (sempre avaliado), do desempenho do professor ou da adequação do plano (praticamente nunca avaliados).

Até agora, comentamos algumas técnicas para avaliar o desempenho dos alunos durante o semestre. Aconselhamos que a avaliação do desempenho do professor e da adequação do plano da disciplina seja realizada duas vezes por semestre: uma quando a disciplina já tiver percorrido metade do semestre e outra ao final desta.

A primeira será realizada para que as informações oferecidas pelos alunos permitam verificar que aspectos do desempenho do professor e da adequação do plano estão colaborando para o pleno desenvolvimento do processo de aprendizagem e quais deles podem estar dificultando ou atrapalhando a aprendizagem, para que sejam corrigidos e adaptados ainda na segunda parte do semestre.

A segunda oportunidade acontece ao final das atividades do semestre, que oferecerá informações para o repensar da disciplina para os próximos seis meses.

É fundamental obter informações claras e sinceras dos alunos sobre o desempenho do professor e a adequação do plano, o que não é tão fácil de conseguir. Para realizar essas avaliações, é necessário que haja um cli-

Trilhas abertas na universidade

ma de confiança e colaboração no grupo-classe que permita o diálogo sobre as informações obtidas; que os alunos se sintam à vontade para se manifestar, uma vez que o farão em sigilo.

Para realizar essa avaliação, sugerimos uma técnica cujos aspectos operacionais tornam-na inovadora. Observemos os procedimentos.

O professor, como coordenador da disciplina, escreve na lousa indicadores sobre os quais os alunos possam ter informações a dar. A título de exemplos:

- O que aprendi.
- Que informações tenho a respeito do desenvolvimento do programa da disciplina nos seus diferentes aspectos: objetivos, conteúdos, bibliografia, metodologias, processo de avaliação e cronograma.
- Desempenho do professor.
- Relação do professor com os alunos individualmente e com o grupo como um todo.
- Colaboração do grupo para a aprendizagem.
- Pontos fortes da disciplina.
- Pontos a ser revistos.
- Sugestões.
- Depoimentos livres.

Abre-se um diálogo para que os alunos sugiram outros elementos que deveriam ser avaliados quanto ao plano da disciplina e/ou quanto ao desempenho do professor.

Em seguida, o professor explica os procedimentos.

a Os alunos não são obrigados a avaliar todos os indicadores. Apenas aqueles sobre os quais tenham informação a oferecer.

b As informações serão dadas por escrito, se possível em letra de forma, e sintetizadas em uma ou duas frases. Explicando: cada aluno poderá apresentar quantas informações quiser a respeito de cada indicador escolhido, mas cada informação será redigida no máximo em duas frases. O objetivo é de desenvolver a capacidade de síntese dos alunos e evitar enormes relatórios de avaliação.

Marcos T. Masetto

c   Essas duas frases serão redigidas em cartões pequenos que o professor terá providenciado e serão distribuídos aos alunos. Cada cartão terá o número do indicador e a informação redigida em uma ou duas frases, só na parte da frente. Palavras soltas não informam. Esses cartões são anônimos, por isso sugerimos letra de forma.

d   Define-se um tempo de 20 minutos para que os alunos redijam suas frases de avaliação.

e   Nesse período, o professor coloca no quadro tiras de papel gomado, com a parte de cola do lado externo, encabeçadas pelo título dos indicadores.

f   Os alunos são convidados a colar seus cartões nas fitas gomadas por indicador.

g   É importante que o professor deixe os alunos à vontade e não os fique observando, para que o anonimato se garanta o máximo possível.

h   Esgotado o tempo, e tendo os alunos se manifestado, o professor, sem se aproximar da lousa, convida alunos a se posicionar diante de cada indicador.

i   Na sequência, pede que cada um *leia, sem fazer comentários*, todos os depoimentos ali colocados. Concluída a tarefa, cada estudante é convidado a fazer um resumo das avaliações junto com os colegas e o professor, dando-se ênfase aos aspectos indicados que merecem correções. Sem quebrar o anonimato de cada depoimento, procura-se compreender o que ali foi colocado e, ainda dialogando, verificar o que se pode fazer para corrigir.

j   Assim se procede com todos os indicadores até o final.

k   É importante sintetizar os comentários do professor e dos alunos sobre as avaliações feitas para cada indicador e seus respectivos encaminhamentos para a segunda parte do semestre, concluindo-se a avaliação em plenário.

Temos realizado essa técnica avaliativa do docente e da disciplina no semestre já alguns anos, com resultado muito positivo em todos os nossos cursos: cresce o clima de confiança e de interação entre professor e alunos, permitindo um processo de aprendizagem mais eficaz a cada semestre.

CONSIDERAÇÕES FINAIS

O tema da avaliação no ensino superior é delicado, difícil, complexo e carregado de um caldo de cultura muito pesado. Por isso mesmo, exige que nos dediquemos a buscar e encontrar trilhas que o inovem juntamente com os novos projetos curriculares que estão despontando.

Referência bibliográfica

LUCKESI, C. "Verificação ou avaliação: o que pratica a escola?". In: *Avaliação da aprendizagem escolar*. São Paulo: Cortez, 1995.

Leitura complementar

GAETA, C.; MASETTO, M. T. *O professor iniciante no ensino superior: aprender, atuar e inovar*. São Paulo: Senac, 2013.

HADJI, C. *Avaliação desmistificada*. Porto Alegre: Artmed, 2001.

HOFFMANN, J. *Avaliação mediadora*. Porto Alegre: Educação e Realidade, 1993.

_____. *Avaliar para promover: as setas do caminho*. Porto Alegre: Mediação, 2001.

_____. *O jogo contrário da avaliação*. Porto Alegre: Mediação, 2007.

MASETTO, M. T. *Ensino de Engenharia: técnicas para otimização das aulas*. São Paulo: Avercamp, 2007.

_____. *O professor na hora da verdade*. São Paulo: Avercamp, 2010.

_____. *Competência pedagógica do professor universitário*. 2. ed. São Paulo: Summus, 2012.

_____. *Desafios para a docência universitária na contemporaneidade – Professor e aluno em interação adulta*. São Paulo: Avercamp, 2015.

PALLOFF, R.; PRATT, K. *O aluno virtual*. Porto Alegre: Artmed, 2004.

SILVA, J. F. de; HOFFMANN, J.; ESTEBAN, M. T. (orgs.). *Práticas avaliativas e aprendizagens significativas em diferentes áreas de ensino*. 2. ed. Porto Alegre: Mediação, 2004.

VEIGA, I. P. A. (org.). *Novas tramas para as técnicas de ensino e estudo*. Campinas: Papirus, 2013.

Marcos T. Masetto

VILLAS BOAS, B. M. M. de F. *Portfólio, avaliação e trabalho pedagógico*. Campinas: Papirus, 2004.

VILLAS BOAS, B. M. M. de F. (org.). *Avaliação, políticas e práticas*. Campinas: Papirus, 2002.

_____. *Virando a escola do avesso por meio da avaliação*. Campinas: Papirus, 2008.

18 A PRÁTICA PEDAGÓGICA DO PLANEJAMENTO DE UMA DISCIPLINA NAS TRILHAS DA INOVAÇÃO

INTRODUÇÃO

Planejar sua disciplina sempre se apresentou como uma das atividades do docente do ensino superior, porém mais com um caráter burocrático, respondendo às exigências administrativas da coordenação e/ou da secretaria de um curso de graduação para registro e documentação. Atividade rotineira de início de semestre, com pouca ou nenhuma influência pedagógica na atuação docente em suas aulas.

Nas mudanças e inovações nos cursos de graduação que analisamos na primeira parte deste livro, identificamos que essa prática pedagógica tem se apresentado com características diferentes, voltadas eminentemente para orientar professores e alunos em sua caminhada em busca da formação profissional desejada.

Neste capítulo, analisaremos as iniciativas voltadas para esse modo de conceber e realizar o planejamento das disciplinas.

O PLANEJAMENTO COMO INSTRUMENTO DE ORIENTAÇÃO PARA PROFESSOR E ALUNOS

Nos modelos tradicionais dos planos de disciplina que encontramos no ensino superior, constituem-se itens obrigatórios e praticamente exclusivos: ementa da disciplina; rol de itens de conteúdo fornecidos pela coordenação da disciplina; bibliografia básica de apoio para o estudo desses conteúdos; indicação da carga horária da disciplina e sua distribuição nos dias

Marcos T. Masetto

da semana, seguida de um cronograma das datas em que as aulas serão ministradas. Ao professor competirá, individualmente, adequar os conteúdos a esse cronograma, de tal sorte que sejam ensinados até o final do semestre.

Já as iniciativas que têm buscado um novo significado para essa prática pedagógica no ensino universitário se apresentam com outras perspectivas:

a o planejamento adquire uma característica de instrumento de trabalho operacional que orientará professor e alunos em todas as suas atividades durante todo o semestre;

b ao mesmo tempo que apresenta com muita clareza todos os objetivos de formação que deverão ser atingidos naquele semestre, reveste-se de uma flexibilidade que lhe permite adaptar-se às situações emergentes que venham a aparecer, sem perder sua orientação;

c identifica seus objetivos de formação no projeto pedagógico do curso, principalmente na definição do perfil do profissional que aquela IES pretende formar;

d seleciona entre todos os objetivos aqueles que são mais próprios para ser trabalhados na disciplina, pois os demais serão desenvolvidos pelas demais disciplinas e atividades curriculares;

e compreende a disciplina como um componente curricular – seu planejamento leva em conta sua dimensão de integrante de um currículo, e, por isso mesmo, deve ser realizado em interação com os demais elementos curriculares, outras disciplinas e atividades que juntos se responsabilizarão pela formação profissional esperada;

f o planejamento integrado dos componentes curriculares exige um trabalho em equipe dos docentes responsáveis pela execução do currículo como um todo – planejamento deixa de ser uma atividade isolada e pessoal de um professor para se tornar uma atividade integrada do grupo de professores;

g essa integração dos docentes facilita e incentiva a integração de conteúdos por meio de grandes temas e da abordagem interdisciplinar dos conhecimentos;

h como instrumento de orientação para professor e alunos, o planejamento incrementa o protagonismo destes, que discutem a elaboração do programa de trabalho e assumem os compromissos necessários para sua realização;

i juntos, professor e alunos poderão acordar sobre o uso de metodologias ativas que, ao mesmo tempo, dinamizarão as atividades de aula e permitirão o interesse e o envolvimento do aluno na preparação dos encontros presenciais;

j o processo de avaliação é repensado e planejado para que se converta em procedimentos de acompanhamento do aluno em seu processo de formação, incentivando sua aprendizagem e seu crescimento e corrigindo os possíveis erros com *feedbacks* imediatos e durante todo o semestre.

Vejamos em detalhe alguns aspectos dessas iniciativas que têm buscado um novo significado para o planejamento no ensino universitário.

Chamar a atenção para a característica pedagógica do planejamento de orientar as atividades pedagógicas do professor e do aluno, deixando em segundo plano a exigência burocrática administrativa, é de fundamental importância, acrescentando-se a preocupação de dar a esse planejamento um dinamismo operacional para que seja eficiente.

O maior sinal de inovação talvez seja *abrir um planejamento de disciplina com a proposta de objetivos educacionais para a formação de profissionais* em linha com o projeto pedagógico do curso.

Consideremos o salto educacional e pedagógico que se dá quando partimos de um planejamento com ênfase num conjunto de conteúdos a ser ensinados para outro que toma como ponto de partida a formação de um profissional orientada pelas Diretrizes Curriculares Nacionais (DCNs) – que defendem desenvolvimento de conhecimentos interdisciplinares, de habilidades e competências contemporâneas exigidas pela sociedade, bem como de atitudes próprias para que os profissionais se responsabilizem pelo desenvolvimento da sociedade, assumindo atitudes de cidadania e de ética diante das tomadas de decisões tecnológicas.

Esses objetivos de formação profissional para os cursos de graduação estão concretizados no projeto educacional de cada curso, ao definirem o

Marcos T. Masetto

perfil de seus egressos, e portanto ao alcance dos professores. Iniciar planejamento de uma disciplina considerando, estudando e selecionando os objetivos profissionais a ser alcançados é sem dúvida um início revolucionário.

Chamamos também a atenção para o papel da disciplina num currículo como componente curricular. A formação de um profissional não depende de uma disciplina ou de cada uma das disciplinas levadas a efeito de forma isolada, mas da atuação em conjunto, em sintonia, em sinergia de todas as disciplinas e atividades curriculares, pois só o currículo como um todo, realizado de modo que integre todos os seus componentes, apresenta possibilidade real de formação profissional.

Incentiva-se a *integração dos docentes num trabalho em equipe*; a *integração de objetivos de formação e de conteúdos* por meio de grandes temas e da abordagem interdisciplinar dos conhecimentos; e *a integração com os alunos* para elaborar o programa de trabalho e assumir os compromissos necessários para sua realização.

Tarefas muito concretas se realizarão após a compreensão dos objetivos a ser alcançados: seleção dos temas interdisciplinares a ser aprendidos; juntos, professor e alunos entrarão em um acordo sobre o uso de metodologias ativas que dinamizem as atividades de aula e incentivem o envolvimento do aluno na preparação dos encontros presenciais; o processo de avaliação que incentive o aluno a aprender e conseguir alcançar seus objetivos de formação profissional.

ETAPAS DE UM PLANEJAMENTO DE DISCIPLINA

As iniciativas voltadas para pensar e realizar o planejamento da disciplina como instrumento de orientação para professor e alunos entendem que tal planejamento se apresenta como um processo contínuo, realizado em conjunto entre professor e alunos, e por etapas, estendendo-se por um semestre.

Tal concepção se diferencia daquela que assume o planejamento como uma atividade única a ser realizada às vésperas do início de uma disciplina, sem necessidade de ser retomada durante o desenrolar do curso.

Trilhas abertas na universidade

Vinculado aos princípios de flexibilidade para lidar com imprevistos, com necessidades e ritmos diferenciados dos alunos em seu processo de aprendizagem, bem como com possíveis inadequações do plano inicial estabelecido, *o planejamento se apresenta, na realidade, como um processo contínuo* que se inicia bem antes do começo de uma disciplina e se encerra bem depois do término dela.

A *etapa inicial* se caracteriza por um movimento pessoal do professor num tempo bem anterior ao início da disciplina, quando ele reúne o máximo de informações a respeito desta: sua relação com o currículo de formação; sua inter-relação com as demais disciplinas, sobretudo com aquelas que serão lecionadas no mesmo período; assuntos que a compõem (atualidade, relevância, evolução teórica e tecnológica); bibliografia atualizada (livros, artigos, trabalhos em congressos, projetos novos ligados a ela). Se a disciplina já foi ministrada outras vezes, recorre-se a avaliações sobre os resultados dela para a formação dos alunos, aos comentários destes e a adaptações realizadas. O docente levanta informações sobre as disciplinas que antecedem a que será ministrada a fim de se colocar a par dos conhecimentos e práticas já desenvolvidos pelos estudantes.

Com esse acervo de informações, o professor redige seu *Plano A* completo para aquela disciplina:

- Identificação: instituição, curso, nome da disciplina, carga horária, período do dia em que será lecionada, distribuição das horas/aula por dias da semana e, se possível, número de alunos da turma.
- Ementa da disciplina e objetivos a ser aprendidos segundo o projeto pedagógico do curso, incluindo os referentes a conhecimentos, habilidades e competências, atitudes e valores para a formação do egresso.
- Conteúdos organizados por grandes temas, ressaltando sua relevância, sua atualidade e sua abrangência, integrando itens menos significativos e uma ordem psicológica de interesse dos assuntos que facilite o envolvimento dos alunos. Indicação de bibliografia básica e complementar a ser utilizada pelos estudantes durante o curso.
- Metodologias ativas a ser empregadas: desenvolvimento de protagonismo, participação, parceria e aprendizagem colaborativa. Indicar alguns exemplos.

Marcos T. Masetto

- Processo de avaliação: princípio de acompanhamento do desenvolvimento do aluno durante todas as atividades do semestre. Trata-se de uma avaliação contínua com *feedbacks* imediatos. Definem-se as técnicas que serão usadas, bem como critérios de avaliação e como funcionará a questão das notas.
- Cronograma das aulas com data e assunto a ser estudado.

A *etapa 2* se realizará no primeiro encontro com os alunos, como vimos no Capítulo 15 deste livro, e denomina-se "adaptação do plano". Trata-se de uma fase importante, delicada e, geralmente, ignorada pelos professores, o que traz como consequência, por exemplo, o insucesso de muitos planejamentos.

Comentamos naquele capítulo que um dos aspectos importantes da prática pedagógica de planejamento com significado de inovação é a ênfase atribuída ao desenvolvimento das atitudes de parceria e protagonismo de professor e alunos no processo de aprendizagem. Ambos são sujeitos desse processo, que só será plenamente alcançado com a cooperação entre eles.

Quando estudamos a melhor forma de iniciar uma disciplina, comentamos que seria importante abrir espaço para que, juntamente com os alunos, discutíssemos e procurássemos chegar a um acordo sobre os objetivos de formação que iríamos perseguir, bem como elaborássemos conjuntamente um programa de trabalho.

É nesse clima e nesse momento da disciplina que propomos dialogar com os alunos sobre nosso plano de disciplina, seja para ouvi-los sobre o que têm a dizer sobre ele, seja para explicar como podemos trabalhar em conjunto e em parceria para conseguirmos a formação que desejamos.

Dialogar sobre o nosso *Plano A* pode ajudar os alunos a entrever o caminho que vamos trilhar "com os pés no chão". Nesse diálogo, os estudantes poderão apresentar sugestões que sejam cabíveis e nos ajudem a aperfeiçoar o plano, permitindo-nos traçar conjuntamente nosso *Plano A'*.

A *etapa 3* deste processo de planejamento se realizará durante a implantação do *Plano A'*.

Trilhas abertas na universidade

Decorridos dois meses do início da disciplina, realizaremos a *etapa 4*: trata-se de um momento de avaliação do curso em andamento.

É importante que, no meio do processo, possamos verificar se o plano que estabelecemos com os alunos continua adequado aos objetivos propostos ou se merece alguns reparos ou adaptações com relação a conteúdos, bibliografia, atividades programadas, metodologia usada, relação entre professor e alunos, colaboração dos alunos entre si, aproveitamento dos alunos e processo de avaliação inovado. É comum identificarmos alguns ajustes necessários para que o plano continue adequado aos objetivos, e para isso o *Plano A'* pode se alterar para *Plano A''*.

Nesse momento de avaliação do curso, é interessante acrescentar à avaliação da adequação do plano uma autoavaliação dos alunos (como comentamos no capítulo anterior), que lhes permita identificar o desenvolvimento de seu processo de formação e lhes dê a oportunidade de avaliar o desempenho pedagógico do professor. É muito comum que os alunos tenham informações interessantes sobre atitudes e posturas do docente em aula que muitas vezes lhe passam despercebidas, e que poderiam ser facilmente adaptadas. No capítulo anterior também comentamos uma técnica para realizar a avaliação do desempenho do docente e da adequação do plano aos objetivos de aprendizagem.

A avaliação no meio do curso de uma disciplina, por fim, é também sumamente relevante para não carregarmos até o final do semestre problemas que estejam impedindo um maior aproveitamento dos nossos alunos e possam ser resolvidos de imediato.

A *etapa 5* será a de execução do *Plano A' ou A''*.

Já a *etapa 6*, a última do planejamento, acontece depois que todas as atividades estejam concluídas e as notas, atribuídas, para que os alunos se sintam à vontade para colaborar na avaliação de todo o percurso daquela disciplina.

Os resultados dessa avaliação final, registrados pelo professor, representarão o primeiro documento a ser consultado por ele quando da etapa inicial do planejamento para o novo curso dessa disciplina.

Marcos T. Masetto

UNIDADE DE APRENDIZAGEM COMO BASE DE PLANEJAMENTO DE UMA DISCIPLINA

O cronograma das aulas tem sido costumeiramente usado para o planejamento dos conteúdos das disciplinas durante um semestre, conforme o tempo que elas durem: 50, 100 ou 150 minutos. Ao longo das aulas serão distribuídos os assuntos que compõem o conteúdo daquela disciplina.

Com as inovações que vêm surgindo nos cursos de graduação, identificamos uma maior preocupação com a formação dos profissionais que precisa ser contemplada no tempo (carga horária) e nos espaços das aulas.

É preciso trabalhar objetivos cognitivos, de habilidades e de atitudes que compõem o perfil do egresso, pesquisar conteúdos interdisciplinares, realizar práticas pedagógicas com a participação ativa dos alunos, implantar um processo contínuo de avaliação, construir relações de protagonismo, mediação pedagógica, parceria e corresponsabilidade.

Essa nova maneira de pensar o processo de formação profissional não pode ser planejada apenas com base na distribuição dos temas dos conteúdos pelos dias de aula. Há novos aspectos a ser considerados, organizados de forma integrada e distribuídos no tempo de um semestre. É preciso planejar um tempo maior e espaços diferentes para sua aprendizagem.

Assim, a unidade de aprendizagem se apresenta como uma organização integrada de objetivos, conteúdos, metodologias e avaliação visando a um processo de formação profissional.

Uma unidade de aprendizagem permite integrar determinados objetivos educacionais a uma temática mais abrangente e integradora de outros temas menores, com técnicas que incentivam a participação do aluno dentro e fora da sala de aula na busca e no tratamento das informações, em sua aplicação na resolução de casos ou problemas, em visitas técnicas e em contatos com profissionais – sempre com *feedback* contínuo de avaliação.

Trilhas abertas na universidade

A construção

Para construirmos unidades de aprendizagem, devemos:
- selecionar e organizar os objetivos de formação do perfil do profissional a ser alcançados pela disciplina naquele semestre, tomando por base o projeto pedagógico do curso;
- organizar os conteúdos do programa da disciplina em grandes temas (com as respectivas bibliografias), seguindo os critérios de relevância, atualidade, integração de outros itens menores e grau de interesse e motivação dos alunos, estabelecendo assim entre oito e dez grandes temas para o semestre;
- selecionar técnicas e recursos adaptados aos objetivos pretendidos;
- selecionar práticas e técnicas avaliativas a ser usadas no semestre.

Processo de construção

Iniciamos pela seleção de três ou quatro objetivos de formação profissional a ser alcançados por aquela disciplina, tendo o cuidado de escolher objetivos de conhecimento, habilidades e atitudes. Observe-se que o *start* da construção da unidade de aprendizagem é dado pelos objetivos selecionados e não pelo conteúdo da matéria.
- Seleção de um grande tema (conteúdo) da disciplina que contribua para o alcance dos objetivos da unidade. A bibliografia básica para estudo dos alunos deverá ser bem específica e dosada: um capítulo de um livro, um ou dois artigos científicos.
- Identificação das práticas pedagógicas, técnicas e/ou recursos que serão realizados com a participação ativa dos alunos e adequados aos objetivos a ser atingidos.
- Seleção das técnicas avaliativas que serão usadas para oferecer *feedbacks* de aprendizagem aos alunos durante a unidade.
- Identificação dos espaços em que serão realizadas as atividades programadas: dentro da universidade (sala de aula, biblioteca, videoteca,

laboratórios etc.) ou fora dela, em ambientes profissionais ou, ainda, virtuais.

- De posse destes dados, planejamento do tempo que será necessário para que os alunos desenvolvam esse processo de aprendizagem.

É evidente que num espaço de 50 minutos de uma aula essas atividades não poderão ser executadas, mas isso seria factível, por exemplo, num período de duas semanas, contando-se com o tempo semanal das aulas na universidade (em geral, 100 minutos) e com tempos extraclasse. É fundamental que cada unidade de aprendizagem conte com os 100 minutos de trabalho semanal no período das aulas e ainda com o final de semana para a realização das atividades.

Algumas unidades de aprendizagem podem durar três semanas ou mais: tudo depende da abrangência de objetivos definidos para ela, da amplitude do grande tema de conteúdo escolhido e da complexidade das atividades de aprendizagem.

Os professores costumam apontar duas dificuldades para o uso de unidades de aprendizagem: o tempo para cumprir o programa e o envolvimento dos alunos na realização das atividades.

Quanto ao primeiro ponto: os itens do conteúdo programático da disciplina foram reorganizados por grandes temas com algumas vantagens: destaque para os grandes e mais relevantes eixos daquela disciplina e integração de informações e itens menores – o que reduz de 20 a 30 itens de conteúdo para oito ou dez, ou até menos. Faz sentido e diferença que os alunos tenham mais tempo para aprender temas mais relevantes e integrados.

Além disso, vale a pena lembrar que durante os 100 minutos semanais de aula os alunos estarão trabalhando individualmente, em pequenos grupos, com metodologias ativas, aproveitando seu tempo em vários locais.

A segunda dificuldade diz respeito ao envolvimento dos estudantes. O planejamento por unidade de aprendizagem deve estar integrado a um processo de aprendizagem construído com características inovadoras, como vimos discutindo neste livro. Isso garantirá a ampla aceitação e o envolvimento, a participação, a parceria e o protagonismo dos alunos. Fora desse contexto – em outras palavras, num processo de aprendizagem tradicional –, o planejamento por unidade de aprendizagem dificilmente terá êxito.

Por fim, é preciso destacar que *o planejamento por unidade oferece melhores condições para a aprendizagem dos alunos e a mediação pedagógica do professor.*

O aluno dispõe de um tempo razoável para se dedicar a aprender e não apenas a "decorar a matéria para as provas". Será incentivado por metodologias ativas que, inclusive, o levarão a desenvolver seu protagonismo e sua participação no processo de aprendizagem. Será, ainda, motivado, pois terá um tempo para *feedbacks* e correções imediatas do que não tenha aprendido.

O professor terá a oportunidade de trabalhar como orientador do aluno em sua formação, tanto para desenvolver seus conhecimentos como para desempenhar competências e atitudes necessárias e atualmente exigidas pela docência, inovando sua prática pedagógica.

Leitura complementar

Gaeta, C.; Masetto, M. T. *O professor iniciante no ensino superior: aprender, atuar e inovar*. São Paulo: Senac, 2013.
Masetto, M. T. *O professor na hora da verdade*. São Paulo: Avercamp, 2010.
_____. *Competência pedagógica do professor universitário*. 2. ed. São Paulo: Summus, 2012.
_____. *Desafios para a docência universitária na contemporaneidade – Professor e aluno em interação adulta*. São Paulo: Avercamp, 2015.

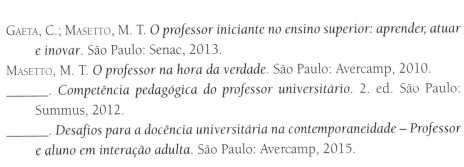

Marcos T. Masetto

À GUISA DE CONCLUSÃO: 12 ANOS DE PESQUISA

No PREFÁCIO DESTE livro, nós nos propusemos dialogar sobre projetos e atividades que, em seus contextos, abriram e continuam desbravando *trilhas para inovações*:

- convergentes em alguns pontos essenciais;
- divergentes em outros porque procuram responder às necessidades e carências de seus respectivos contextos.

Trilhas de inovações que, partindo em caminhos paralelos,

- se encontram e se entrecruzam em processos semelhantes;
- integram-se em ações comuns;
- e prosseguem juntas ou por caminhos diversos em direção aos seus objetivos.

Como sementes, trazem a esperança de, ao lado de inúmeras outras "trilhas" existentes, construir perspectivas diferentes, ousadas e promissoras para o ensino superior brasileiro.

Nesta obra, socializamos estudos, trabalhos, pesquisas e publicações sobre paradigmas curriculares inovadores e formação de professores construídos ao longo de 12 anos (2005-2017) pelo Grupo de Pesquisa de Formação de Professores e Paradigmas Curriculares (Forpec), do Programa de Pós-Graduação Educação: Currículo da Pontifícia Universidade Católica de São Paulo (PUC-SP), credenciado no CNPq.

Reconhecemos que o contexto do ensino superior brasileiro, embora ainda se apresente com uma predominância de cursos de graduação organizados num modelo disciplinar tradicional, encontra-se em tempo de

Trilhas abertas na universidade

transição, movimentando-se rapidamente e em muitas IES para inovar em práticas pedagógicas universitárias com significado, construir currículos inovadores e descobrir espaços e modalidades de formação de docentes visando à integração e à superação de um sistema educacional defasado. Por isso acreditamos fortemente no potencial dessas "sementes-trilhas" de inovação.

Num contexto brasileiro histórico, dialético, polêmico, desafiador, difícil, contraditório e provocativo, acreditamos na força dessas sementes – que, junto com inúmeras outras trilhas existentes, vão colaborar para a construção de perspectivas diferentes, ousadas e promissoras para o ensino superior em nosso país.

IMPRESSO NA
sumago gráfica editorial ltda
rua itauna, 789   vila maria
02111-031 são paulo sp
tel e fax 11 **2955 5636**
sumago@sumago.com.br